民族魂

学生成长励志故事读本

忧国忧民 故事

陈志宏◎编著

延边大学出版社

· 延吉 ·

U0755268

图书在版编目（CIP）数据

忧国忧民故事 / 陈志宏著 . —延吉 : 延边大学出
版社 , 2013.3（2024.1 重印）

ISBN 978-7-5634-5400-6

Ⅰ . ①忧… Ⅱ . ①陈… Ⅲ . ①品德教育—中国—青年
读物 ②品德教育—中国—少年读物 Ⅳ . ① D432.62

中国版本图书馆 CIP 数据核字 (2013) 第 049033 号

忧国忧民故事

主编：陈志宏
责编：孙淑芹
封面设计：映像视觉
出版发行：延边大学出版社
社址：吉林省延吉市公园路 977 号 邮编：133002
电话：0433-2732435 传真：0433-2732434
网址：http://www.ydcbs.com
印刷：天津市天玺印务有限公司
开本：155×220 毫米 1/16
印张：8
字数：50 千字
版次：2013 年 03 月第 1 版
印次：2024 年 01 月第 4 次印刷
书号：ISBN 978-7-5634-5400-6
定价：38.00 元

民族魂，是一个民族的精髓，体现了一种民族的精神，是民族存在的精神支柱。

说起民族的精神，人们通常都会想到爱国主义。从古代的屈原、岳飞，到近代为保卫祖国领土完整的人民英雄；从古代的发明家张衡、毕昇，到今天为祖国的建设事业贡献力量的科学家；从古代的李白、杜甫，到今天为民族文学艺术的提高而不懈奋斗的文学家……在他们身上，都体现出一种广义的爱国主义和爱国精神。

爱国主义是一种伟大的民族精神，也是中华民族的传统美德，与我们祖国上下五千年的历史一样源远流长。作为一种巨大的精神力量，它对中华民族的历史发展与进步产生了重大的影响。

在我国古代历史上，不仅出现过许多杰出的政治家、军事家、思想家、文学家、科学家、艺术家，还出现过一大批忧国忧民、鞠躬尽瘁的仁人志士和抗击外敌、抵御入侵的民族英雄。他们或开发和改造祖国的河山，创造灿烂的中华文明；或英勇反击民族压迫和外来侵略，捍卫国家的主权和民族的尊严；或坚决反对民族分裂，维护国家的统一和民族的团结；或顺应历史潮流，积极改革弊政，励精图治，治国安邦，施利于民……他们从不同的侧面体现了中华民族的爱国主义精神，谱写了爱国主义的壮丽诗篇，铸造了中华民族坚不可摧的"民族

之魂"。

　　人们之所以将爱国主义精神作为中华民族精神的主要特征，是因为19世纪以来的中华民族饱受外来民族的欺凌、压迫和剥削，从而需要以爱国主义来凝聚人心、努力奋斗，从而获得民族的解放。

　　翻开中国近代史册，最触目惊心的是一场场的战争、一件件的国耻。深重的民族灾难，撞击着每一个爱国者的心。帝国主义列强发动了第一次鸦片战争、第二次鸦片战争、中法战争、中日甲午战争、八国联军之役等大小100多次战争。每一次战争，都以强迫清政府签订不平等条约而结束。

　　面对亡国灭种的威胁，华夏大地的炎黄子孙们掀起了波澜壮阔的爱国热潮，创造了光照千秋的爱国主义业绩。中华民族所散发出来的民族精神，无论在深度和广度上都是前无古人的。无数民族英雄、志士仁人，在救国图存、振兴中华的斗争中所表现出来的爱国精神，既是对中华民族古代爱国主义传统的继承与发扬，又具有鲜明的时代特征。

　　除了爱国主义之外，勤劳、勇敢、诚信、团结、知礼、尊贤、节俭、敬业，热爱和平、不屈不挠、自强不息、励精图治、开拓创新等，也都是中华民族的精神精髓，是中华民族灵魂的具体表现。在五千年的历史中，我们的先辈在这片土地上，以这种高尚的品行和美德不断地开辟，才有了如今屹立于世界民族之林的东方强国。作为一个有着漫长历史的积淀与升华的民族，伟大的民族精神早已烙刻在了我们每个人的灵魂深处，与我们的血肉融合在一起。

青少年是国家的希望，也是民族不断发展和延续的根本。总有一天，我们的民族精神、我们祖国的这片神奇的土地要传到当代青少年手中。从这个意义上来说，我们民族精神的生机与活力，我们祖国的命运与前途，也掌握在青少年的手中。因此，青少年的爱国主义教育和励志图强教育也就显得更加重要。为了增强和提升国民教育，尤其是青少年的爱国主义精神、民族精魂志向，我们精心编写了本套丛书——《民族魂——学生成长励志故事读本》丛书。

民族魂
学生成长励志故事读本

前 言

本套丛书将有史以来体现民族精神和民族灵魂的典型事迹，以通俗易懂的故事形式娓娓道来，非常适合青少年的阅读水平和欣赏口味。书中提供了古往今来多个典型人物和事件典范，展现出的人物也涉及社会的各个层面，有利于青少年立心、立志、爱国、进取，从而全方位地领悟中华民族的精神、灵魂之所在。

在本套丛书中，为帮助读者更好地理解和学习这些源远流长的美好精神，我们还在每一篇故事后面给出了"心灵物语"，旨在令故事更加结合现代社会，结合我们自身的道德发展，提高我们的民族爱国精神，并由此

而引发读者进一步的思考。

深刻的哲理人生，表现了博大精深的文化；精彩的人物事迹，道出了励精图治的典范；历代的爱国故事，喻出了民族精神的深意；高尚的品德展现，浓缩了上下五千年的灿烂文明……我们希望，青少年朋友们通过阅读本套丛书，能够受到深刻的爱国主义教育，能够真正体会到中华民族的灵魂所在，同时更能够汲取精华，励精图治，为提升自己的个人素质、为祖国未来的建设和发展作出努力。

全套丛书分类编排，内容详尽，文字优美，风格独具，是广大读者，尤其是青少年爱国励志教育的优秀读物。我们相信，本套丛书一定可以成为青少年朋友们的良师益友。

民族魂——学生成长励志故事读本

导言

　　"忠"即敬，尊敬，恭敬。"忠"是一种发自内心的感情，一种尊敬的态度和素质。这种感情和素质，在我国历史上很长一段时期内，是君对臣的要求，也是臣下对君主的情感和必须遵守的职责。《吕览·至忠》里提到："将以忠于君王之身。"此外，"忠"又是"竭诚"的另一种表述，《尚书·伊训》："为下克忠。"《传》："事上竭诚也。"在等级森严的奴隶社会和封建社会中，"忠"主要指忠君。因为当时君就是国家，君是天下的代表。儒家提倡"忠"，忠孝节义是儒家不变的信条，被认为是做人的根本。在儒家的经典中，"忠"的范畴有所扩展，孟子说："教人以善谓之忠。"(《孟子·滕文公》)，此时，忠不仅是一种素质，还要求把这种素质体现在言行上了。所以，"忠"又有"不贰"的含义，《诗·邶风笺》："事君无二志，勤身从事君，忠也。"《周书·谥法》："危身奉上，险不辞难曰忠。"《左传·成公九年》："无私忠也。"（这里的"无私"是相对于公室而言)，"忠"成为等级社会里，臣民对君主的基本品德。

　　中华民族的先人在长期的社会实践中，"忠"的含义范畴逐渐扩大，扩大为忠于国家，忠于民族、忠于人民、忠于正义的事业、忠于崇高的理想等，涌现出了灿若群星的英雄人物。他们或为祖国奋勇捐躯；或为民族兴废殚精竭虑；或为崇高理想前仆后继，用行为不断地为"忠"填写新内容，使"忠"这一中华民族的道德传统不断焕发出炫目的光彩。

　　"忠"对中华民族的民族心理影响是如此巨大，对中国人来说是一种刻骨铭心的信念，是一切言行的准绳。翻开《二十五史》，几乎就是一部"忠奸史"，那些忠于祖国、忠于人民、忠于正义事业的人，人们视为英雄，树为楷模，千古流芳；那些卖国求荣、卖国求利、认贼为父、为虎作伥的人，则被钉在历史的耻辱柱上，被骂为"汉奸""卖国贼""国人皆曰可杀"，甚至有"人自宋后少名桧，我到坟前愧姓秦"的诗句，连奸佞的后代都觉得抬不起头来，无颜面对国人。但是，儒家在对忠的诠释中，又提倡无条件的"愚忠"，即无论君主犯怎样的错误，臣下都要无条件地服从，所谓"君要臣死，臣不得不死"。这样，君臣之间就没有什么是非曲直、真伪善恶可言。此时的"忠"，就有一味盲从，不辨事理，甚至有"助纣为虐"之嫌，这种"忠"在今天是不可取的。

在改革开放、社会主义市场经济的新形势下，热爱祖国、忠于祖国对我们来说，不仅是继承中华民族传统美德的教育问题，也是一个不可回避的现实。党中央适时提出了"八荣八耻"的公民道德守则，明确要求我们"以热爱祖国为荣，以危害祖国为耻"，这是新时期里对"忠"这一传统美德的新诠释。热爱祖国、忠于祖国不但是我们的义务，更是每一个合格的中国人必须具备的基本素质。作为一个中国人，从生到死都不应忘记自己是炎黄子孙。无论身处何方，我们的根是祖国，祖国是我们的母亲。"子不嫌母丑"，祖国贫穷的时候，我们用自己的智慧和勤奋，为祖国母亲做奉献；祖国富强了，作为儿女们要自豪，要更精心地打扮她、妆点她，让她傲然屹立于世界民族之林。这是每个中华儿女应有的态度和志向。

目录
CONTENTS

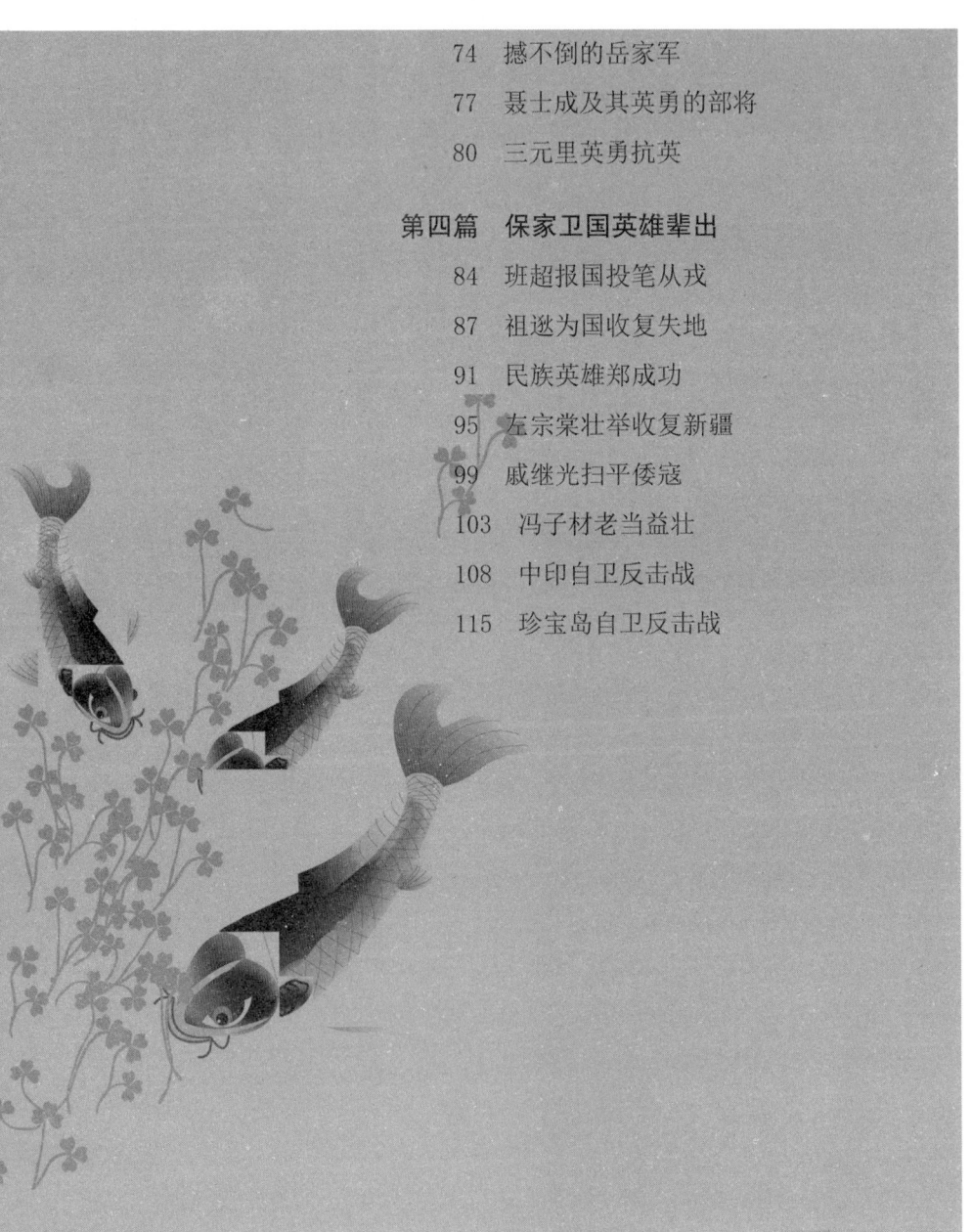

第一篇

为国舍命真君子

比干为国冒死直谏

比干（前1092—前1029年），子姓之后，商纣王的叔叔。商朝沫邑人（今河南省卫辉市北），中国古代著名忠臣，被誉为"亘古第一忠臣"。

商朝有一个很残酷的习俗，就是用活人殉葬和祭祀。现已发现的一个大墓，其中殉葬者达百人左右。而历史记载中最多的一次殉葬人数竟达五百人之多。

为减少在国都经常祭祀祖先的麻烦，纣王在别都朝歌（河南淇县）的基础上，又对其大加修缮；并在河北邯郸及沙丘（河北平乡东北）修建了离宫别馆、林苑亭台及动物园，消耗了大量人力、物力和财力。但这些建筑只是供他带着部分大臣、宫女来游玩的场所。

这位帝王力求步夏桀的后尘，在朝歌用七年时间修建了一座又高又大的"鹿台"，也是"以酒为池，悬肉为林"，使男女裸着身子相逐其间，"为长夜之饮"。此举比夏桀有过之而无不及。

纣王重演亡国之君夏桀的种种恶行，惹得几位正直大臣痛心疾首，决心冒死进谏。

比干首先坦率地直谏，并带着纣王去太庙祭祀祖宗，给他讲历代先王的故事：商汤创业时的艰难，盘庚用茅草盖屋，武丁和奴隶一起砍柴锄地，帝甲约束自己，喝酒从来不过三杯，唯恐过量误国……纣王表面点头称是，但内心并未真正改过，后来反而愈加荒淫暴虐。

纣王的爱妃妲己喜欢看人受虐的情景。当时有一种叫作炮烙的刑具，就是她发明的：用铜做成空心的柱子，行刑的时候，把犯人脱光衣服绑在柱子上，再把烧红的炭火放进铜柱子……妲己还说她有辨认孕妇腹中胎儿是男是女的本领，纣王就抓来100个孕妇试验。妲己让她们先坐下再站起来，然后对纣王说：先抬左腿者是男，先抬右腿者是女。纣王不信，妲己就命人当场将这些孕妇剖腹检验……

比干看到纣王和妲己害人取乐的场面，气得浑身发抖，一边自言自语"我是皇伯，强谏于王"，一边疾步走到纣王面前，直言他的错误，并且请求将妲己斩首，全门赐死！纣王愤愤地坐在那里，一句话也不说。

比干继续说："当年汤王在位时，天下大灾，饿殍塞途，汤王下车抚尸而哭，自责无德。又立即开仓济贫，饥者得食，寒者得衣，天下称颂。你今天的作为与先王的仁政背道而驰，若不改悔，天下就岌岌可危！"纣王听完，气得拂袖而去。

比干回到家中，请来箕子和微子商议，让他们向纣王进谏。第二天，箕子去劝纣王，纣王却将箕子的头发剪掉，把他囚禁起来；微子进谏，纣王依然不听，微子只好抱着祖先的祭器远走他乡。大臣辛甲谏了75次，纣王丝毫不改，于是他就投奔了周文王。许多大臣看到纣王已经无可救药了，也都纷纷弃商投周。纣王落到了众叛亲离的地步。而此时，周武王率军东征，已经打到了孟津，背叛殷商来和周会盟的大小诸侯有八百多个，商王朝此时已是风中残烛了。

比干觉得，为人臣子不能像微子那样说走就走，就是杀头挖心也得据理力争。"主过不谏非忠也，畏死不言非勇也。即谏不从且死，忠之至也"。他冒着被灭族的危险，连续三天进宫抨击纣王的过错。

纣王被比干批评得无言以对，恼羞成怒地喝问他为什么这样坚持。比干说："君有诤臣，父有诤子，士有诤友，下官身为大臣，进退自有尚尽之大义！"

纣王又问何为大义。比干回答道："夏桀不行仁政，失了天下，我王也学此无道之君，难道不怕丢失了天下吗？我今日进谏，于国于民，正是大义所在！"

纣王听到这里勃然大怒，说："吾闻圣人之心有七窍，信有诸？"说罢，命对比干剖胸取心，比干面无惧色，慷慨就义……

■心灵物语

即使面临被挖去心脏的酷刑，比干还是为国为民而正言直谏。比干只是商末衰世忠诚国事的代表，可惜纣王多行不义，专杀忠臣，纵有鄂侯、西伯、微子、箕子、比干等冒死直谏之士，也无力挽救商朝的败亡。

■史海钩沉

武王伐纣

"武王伐纣"的故事记载了商朝灭亡的过程。渭河流域周部落的首领武王姬发，联合各部落讨伐殷商，而当时统治殷商的商纣王是一个像夏桀一样的暴君，早已引起人们的忌恨。为了抗击武王，纣王将大批奴隶武装起来，而这些奴隶却在前线倒戈，变成了一次奴隶起义。牧野之战是商朝军队和周武王军队的决战。由于商纣先征西北的黎，后平东南夷，虽取得胜利，但是穷兵黩武，加剧了社会和阶级矛盾，招致灭亡，最后兵败自焚。商王朝灭亡后，被周朝取代。

■文苑荟萃

后母戊鼎

后母戊鼎是中国商代后期（约公元前16世纪至公元前11世纪）王室祭祀用的青铜方鼎。后母戊鼎器型高大厚重，形制雄伟，气势宏大，纹饰华丽，工艺高超，又称后母戊大方鼎。高133厘米，长110厘米，宽78厘米，重约832千克。鼎腹长方形，上竖两只直耳（发现时仅剩一耳，另一耳是后来复制补上的），下有四根圆柱形鼎足，是目前世界上发现的最大的青铜器。

 # 申包胥泣血为国

申包胥，申氏，名包胥，又称王孙包胥，生卒年待考。湖北省监利县新沟镇人，春秋时楚国大夫，原与伍子胥友善。楚平王七年（前522），伍子胥因父亲冤案逃离楚国，途遇申包胥，道"我必覆楚"。申包胥答曰："子能覆之，我必能兴之。"楚昭王十年（前506），吴王用伍子胥计破楚入郢。申包胥随昭王撤出辗转随国。后自请赴秦，求秦哀公出兵救楚。初未获允，乃七日不食，日夜哭于秦廷。哀公为之感动，终于答应发兵车五百乘前往救援。在秦、楚军队的反击下，楚人驱走吴国军队，收复了郢都。申包胥归郢后，昭王对他欲予奖赏，他声称请救兵是为了楚国人民，拒受赏赐。随即隐居山中，以度余年。

　　楚昭王十年，吴国在柏举（今湖北麻城市东北）打败了楚军后，很快就占领了楚国的郢都，昭王仓皇逃亡到了隋国（今湖北隋县南）。

　　申包胥虽然并没有得到楚王的命令，却独自奔赴秦国去求援。他对秦王说："吴国无道，像野猪、长蛇一样贪暴，并吞天下，首先想从楚国开始。现在，我的国君丧失了国家，正在草野中逃命，他派遣我来向君王告急。吴国是个贪得无厌的国家，他侵占楚国后，西边的地界就和你们相通了。如果与吴国成了近邻，这可就成了你们的祸根了。现在应趁吴国还没有站稳脚跟，你们就去攻打他。如能托您的福，楚国得以安抚，那么楚国愿意世世代代侍奉您。"

　　秦哀公听后推辞说："我已经听到您的指教，您且先回到客馆去，容我计划好了，再来告诉您。"申包胥回答说："我的国君在草野中逃亡，得不到安居，我怎敢安居呢？"

于是，申包胥靠着庭院的墙壁开始哭泣，米汤都不喝一滴。他一连哭了七天七夜，后来因为过于焦急吐了血。秦哀公大为感动，赋《无衣诗》一首，并答应出兵救楚。申包胥对秦哀公叩了九次头，才坐了下来。秦哀公感慨地说："楚国有这样忠贞的大臣，国家还会灭亡。而我却没有这样忠贞的大臣，我国的灭亡，大概没有多少天了吧！"于是他决定发兵救援楚国。由申包胥做向导，秦大夫子满、子虎带领了三万七千五百人援楚。

楚昭王十一年，秦楚联军在稷（今河南桐柏县）大败吴军，吴军终于被迫撤出楚国。楚昭王回到郢都，恢复了王位，论功行赏，自然要从申包胥开始。但申包胥说："辅助国君，安邦治国，不是为了高官厚禄；解救国家危难，也不是为了名誉地位。如果功成就要受赏，那不就是拿自己的勇敢来买卖吗？这怎么可以呢？国家既然安定了，我还有什么要求呢？"于是他拒绝了楚昭王的赏赐，并终生不见楚王。

■心灵物语

何为"忠"？驰骋沙场报效祖国是为忠，因忧国忧民而寝食难安亦为忠！申包胥泣血为国，这种炽热的赤子之情时刻感动着我们。同时，我们更应该学习申包胥这种忠于国家而竭尽全力的精神。

■史海钩沉

楚昭王奔随

公元前512年冬，伍子胥结识了著名军事家孙武，并向吴王推荐。伍子胥感到报仇的时机成熟，便向吴王建议伐楚，后几次打败楚军。公元前506年，他又联合对楚国有怨恨的蔡国、唐国，同孙武一起向楚军发起更强大的攻势。三国联军同楚军在柏举（今湖北麻城、新洲区举水流域某地）相

遇，楚军大败，囊瓦逃往郑国。吴军乘胜追击，攻进楚都郢城（今湖北江陵）。楚昭王和他的妹妹、胞兄公子结等在少数人的保护下，仓皇出城。

□文苑荟萃

无衣诗

岂曰无衣？与子同袍。王于兴师，修我戈矛。与子同仇！

岂曰无衣？与子同泽。王于兴师，修我矛戟。与子偕作！

岂曰无衣？与子同裳。王于兴师，修我甲兵。与子偕行！

卜式毁家产赴国难

卜式，西汉大臣，洛阳（今河南洛阳）人。以牧羊致富。武帝时，匈奴屡犯边，他上书朝廷，愿以家财之半捐公助边。帝欲授以官职，辞而不受。又以二十万钱救济家乡贫民。朝廷闻其慷慨爱施，赏以重金，召拜为中郎，布告天下。他以赏金悉助府库；身为郎，仍布衣为皇家牧羊于山中。武帝封其为缑氏令，以试其治羊之法，有政绩，赐爵关内侯。元鼎中，官至御史大夫。后因反对盐铁官营，又兼不习文章，被贬为太子太傅，以寿终。

卜式是汉武帝时河南人。他出身于一个普通的农民家庭，靠种田和放羊为业。父母去世后，卜式把父母的绝大部分财产全留给了弟弟，自己只赶着一群羊到山林里谋生。十多年后，他成为当地的富户。

当时，北方的匈奴人经常骚扰边境人民的生活，汉武帝连年派兵征讨匈奴，花去了不少人力和财力。卜式知道了这一情况，给本地的县官写信说，愿意拿出家产的一半作为边疆打仗的费用。县官转报给汉武帝。武帝连忙派一个使者来了解卜式为什么要这样做。

使臣亲自来到卜式居住的山庄，问道：“你捐家产给边防，是不是想要当官呀？”

卜式马上回答说：“我从小就会放羊，不知道怎么做官。我不愿意当官。”

使臣又问：“那么，你家里有什么冤枉事吧，想通过这个办法申冤，你想说说吗？”

卜式回答说："我生来不和任何人争吵，我对乡亲们也很好。穷的人，我主动借给他们钱帮助他们生活；不善良的人，我尽量说服他们从善。和我交朋友的人很多，我怎能受到别人的冤枉？另外，我根本没有什么要向朝廷说的事。"

使臣又说："假如真像你说的那样，那么，你这样做又有什么要求呢？"

卜式想了想，说："国家正在讨伐匈奴，我认为臣民应当为守卫边防尽义务，有钱出钱，有力出力。只有这样才能早日平息匈奴的祸患，我们才能过上平静的日子。除此之外，我没有任何要求。"

使臣听了卜式的话很感动。回到京城后，使臣建议汉武帝召见卜式。但由于丞相不相信，武帝便没有召见，卜式仍然在山里牧羊、种田。

又过了一年多，由于连年征战，大批移民不得不迁移内地，一切费用全都依靠国库支付，导致国家财政困难。当时，富豪人家都把钱财藏起来，不向朝廷捐献，县官们都感到很为难。这时，卜式又斥钱二十万献给河南太守，作为移民费用。河南太守把这一情况又上报给武帝。武帝在记录册上看到了卜式的名字，联想起以前他捐家产给边防的事迹，这才认为卜式是一位爱国爱民的忠厚长者，于是拜卜式为齐王太傅。

又过了一段时间，南方边境有外族侵犯，卜式给朝廷写信要求和他儿子一起到南方守卫祖国边疆。汉武帝很佩服卜式的爱国精神，想利用卜式的事迹来带动一些官员去守卫南疆，于是下诏书说："卜式虽然是牧羊种田的农民，但他不自私。在国家有困难的时候，他能积极主动为国分忧，不仅为国家捐献余钱，而且父子都愿意为国赴难。虽然还没有去前方打仗，却表现出了忠义之情。我赐他为爵，赏他黄金十斤，田地十顷。"这一诏书用布告的形式公布于全国。

■心灵物语

"毁家产赴国难"，卜式这种慷慨风度和高尚情操一直激励着我们。当国家有难时，每一位有良知的公民都应当有钱出钱，有力出力。爱国，并不在于能力大小，也不在于钱财多少，而在于是否有公民的责任感和为国奉献的精神。

■史海钩沉

漠南之战

武帝元朔二年（公元前127年），匈奴骑兵进犯上谷、渔阳等地。汉武帝避实就虚，实施反击，派遣将领卫青率大军进攻匈奴。

卫青引兵北上，出云中，沿黄河西进，对占据河套及其以南地区的匈奴楼烦王、白羊王所部进行突袭，全部收复了河南地区。匈奴贵族不甘心失去河南这一战略要地，数次出兵袭扰朔方，企图夺回河南地区。

汉武帝于是决定反击，发起了漠南之战。当时卫青任车骑将军，率军出朔方，进入漠南，反击匈奴右贤王；李息等人出兵右北平（今内蒙古宁城西南），牵制单于、左贤王，策应卫青主力军的行动。卫青出塞二三百千米，长途奔袭，突袭右贤王的王廷，打得其措手不及，狼狈北逃。汉军俘敌一万多人，凯旋归师。

这一仗的胜利，进一步巩固了朔方要地，彻底消除了匈奴对京师长安的直接威胁，并将匈奴左右两部切断，以便分而灭之。次年2月和4月，新任大将军的卫青两度率骑兵出定襄（今内蒙古和林格尔西北），前后歼灭匈奴军队一万多人，扩大了对匈奴作战的战果，迫使匈奴主力退却漠北一带，远离汉境。

■文苑荟萃

卜式养羊

卜式年幼时即以种田养畜为生，对养羊颇感兴趣。长大后，他以养羊发家。

卜式养羊致富后不忘报效国家，多次为国捐款。汉武帝颇为感动，欲封其官职。卜式不想做官，皇上道："我上林苑中也有羊，想让你为我养它们。"于是卜式做了中郎，穿着布衣，戴着草帽，蹬着草鞋去养羊。一年后，他养的羊又肥又多。皇上经过他养羊的所在地，很欣慰地夸奖他。卜式便说道："不只是养羊，治理国家也是这样的道理。"皇上很惊异他能有这样的言论，就想试试让他去治理人民。但是卜式没有答应。

梁储上书忠君为国

　　梁储（1453—1527年），字叔厚，又字藏用，号厚斋，晚号郁洲，石肯人。明成化十四年（1478年）进士，选庶吉士。由翰林编修累官至吏部尚书、华盖殿大学士，加太子太师衔，入参机务，一度出任台阁首辅（丞相）。

　　明武宗时期，陕西的藩王要求把农民的良田划为庄田，以扩充自己的土地。明武宗所信赖的钱宁、江彬和宦官张忠之流受贿，所以希望武宗批准。朝中大臣纷纷上奏反对，因为明太祖有明确禁令，土地不许划归藩王。但武宗不听，称："我以仁爱亲族出发，准备给予他们，你们不要离间我们亲族关系。"大臣们不敢再反对了，大学士杨廷和、蒋冕都称病不出。梁储对此很不满意，他说："如果朝臣都称病不出，对国事会有什么影响？"

　　而当时武宗震怒，让太监督促大臣起草批准的文书，如果再提出反对肯定不行。梁储便想了个办法，他也草拟了一份文书上给武宗，其中写道："当年太祖高皇帝制定了条令，规定藩王不能再增加土地。因为土地扩大了，就必然要增加士兵、马匹。如果有坏人引导他们从事不轨行为，必然危害朝廷。现在藩王们请求很恳切，我念仁爱亲族，准备给予你们。你们得了地，要更谨慎地遵守王侯的法度，不得收聚奸邪的人，不得再多养士兵、马匹，不得听从强人的引诱从事不轨行为，危害朝廷。你们要特别谨慎，不能忽略啊！"

　　明武宗看了梁储起草的这份文书，有些震动。他说："这事是值得忧虑的，还是不给他们土地吧！"这样，藩王要地的请求终于作罢。人们都很称赞梁储，说他起草一份文书，竟有回天之力。

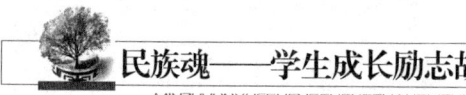
■心灵物语

梁储上书的不仅是一份文书和文书上的对策，这上面写满的应是忠君为国！从他身上散射出的，是他兢兢业业、忧国忧民的精神光芒！

■史海钩沉

梁储力劝正德帝减奢靡之风

明朝皇室奢靡之风越演越烈，百姓不堪赋税重压之苦。正德帝不体恤民之苦，恣意挥霍。他嫌原有宫室不足供其享乐，便降旨重修乾清宫、坤宁宫，大兴土木。后又建造太素殿、天鹅房、船坞，加紧搜刮民脂民膏。梁储恳切规谏，上《请停工疏》"分头前去各处采取大木，烧造砖瓦，但时值民穷财尽之时，猝难办集，非惟工部以为忧，臣等皆切忧之，恨无方，略以佐经费，今大工，若将前项不急之工一并整理，则合用钱粮将何取给。取之官，则官无蓄积，取之民则民已经困敝。"劝正德皇帝节民力、固国本，但正德皇帝当作耳边风，未采纳。

■文苑荟萃

《郁洲遗稿》

梁储的著作有《郁洲遗稿》，是其子次挹所编。初名《郁洲集》，由香山黄佐代为作序。后其孙梁孜官中书舍人，又从内阁中收录梁储的奏疏，补入郁洲集中，共为十卷，易名为《郁洲遗稿》。

《郁洲遗稿》中收录了梁储的诗文，但数量不多，且太过于直白，修饰炼句并不精深，缺乏意境。《郁洲遗稿》的精华是书中所收录的奏疏处可见梁储的拳拳之心，对朝廷忠诚，对天下心怀悲悯。奏疏也反映了梁储经世治国的才能，例如武宗自封为镇国公，梁储上疏力阻，入情入理；武宗轻许给秦王关中农田为庄田，梁储则在草敕时危言以动听，制止了变农田为庄田的荒唐行为；武宗四处游玩，梁储则力请回銮疏至八九上。足见其爱国的热忱。

烛之武勇退秦师

> 烛之武，春秋时期郑国人。公元前630年，秦、晋合兵围郑，烛之武前往秦营之中，向秦穆公陈说利害，终于使得秦穆公放弃了攻打郑国的打算，拯救郑国于危难之中。

鲁僖公三十年（公元前630年），秦穆公和晋文公要联合起来攻打郑国。他们的理由是郑国国君曾经对晋文公没有礼貌，并且违背了晋郑友好关系，却又和楚国亲近。

当时，秦、晋大军团团包围了郑国的国都新郑（今河南省新郑市），城里的官员和老百姓都很恐慌。这时郑国大夫佚之狐对郑文公说："现在国家很危险了，得想个解决办法呀！"

"唉！"郑文公叹了一口气说："目前情况这样危急，谁能有好办法解救呢？"

佚之狐回答说："现在只有烛之武才能说服秦国退兵。"

郑文公采纳这个建议，立刻就把烛之武请进宫来，讲述了这件事。可是烛之武却婉言拒绝说："我年纪大了，不中用啦。我年轻的时候就不如别人，现在更无用啦。"

郑文公听出烛之武话中有抱怨，就抱歉地说："过去我没有重用你，这是我的过错。可是现在我们郑国十分危急，恳求你帮帮忙。如果郑国

真的灭亡了，对你也不利呀！"

烛之武看到郑文公诚恳的态度，又想到个人的切身利益，就答应去见秦穆公。

秦、晋大军紧紧围困着郑国国都，烛之武趁着黑夜，叫人用绳索把他吊下城去。

烛之武到了秦国，见到了秦穆公，说道："你们秦国和晋国联合起来攻打我们郑国，城里的老百姓都知道国家要灭亡了，本来不该再打扰您了。可是郑国灭亡了，对你们有什么好处？你们秦国在西方，我们郑国在东方，中间隔着个晋国。你们越过晋国来进攻郑国，而后把郑国土地收为己有，这是很难办到的呀！郑国灭亡后，好处实际上是晋国的。晋国实力增强了，秦国的力量相对也就削弱了。"

秦穆公很耐心地听着。

烛之武继续说："如果您能留着郑国作为您东行路上的主人，贵国使者来往于此，万一需要什么，郑国就可供应什么。这对您百利无一害。"

秦穆公听了烛之武的这番话，仔细琢磨，觉得很有道理。

烛之武觉察到秦穆公有点儿动心，就接着说："大王应该知道，晋国是个贪得无厌的国家，一向不讲信用。请您不要忘掉历史的教训，当时晋国发生内乱，晋惠公逃到贵国避难，您帮助他获得君位。晋惠公亲口答应将焦、瑕两城送给秦国，可是他们早上渡过黄河，晚上就修筑防御工事，把一切许诺都忘掉了。"

秦穆公听到这里，非常恼火。

烛之武紧追不放地说："现在的晋国国君跟过去一样，贪得无厌，野心勃勃。如果他们获得了郑国东面的一部分土地后，就会设法扩大西面的疆界。"烛之武歇了一口气，又说："请大王还是看到这一点吧！"

秦王终于被烛之武说动了。

几天后，秦穆公将大军调回国内，只派两员大将留守，并订立了盟约。

晋文公失去了同盟军，只好灰溜溜地撤走了军队。

■心灵物语

一个能言善辩之士，抵得上几万大军，不战而屈敌为上策。烛之武用自己的智慧和勇敢保全了自己的国家。抵抗外敌，有时不一定非靠武力解决，也要尝试运用自己的智谋，也许会达到更好的效果。

■史海钩沉

秦晋围郑

秦晋围郑发生在公元前630年（鲁僖公三十年）。在这之前，郑国有两件事得罪了晋国。一是晋文公当年逃亡路过郑国时，郑国没有以礼相待；二是在公元前632年（鲁僖公二十八年）的晋、楚城濮之战中，郑国曾出兵帮助楚国，结果城濮之战以楚国失败而告终。郑国感到形势不妙，马上派子人九出使晋国，与晋结好。但是，最终也没能感化晋国。晋文公为了争夺霸权的需要，还是在两年后发动了这次战争。

■文苑荟萃

秦晋之好

"秦晋之好"这个成语说的是秦国的秦穆公与晋献公的女儿成婚的故事。这桩婚姻的关系是：秦穆公代表秦国，而晋献公的女儿出身高贵，她的母亲是齐桓公的女儿，她代表了晋国和齐国。这桩婚姻把当时中原最强大的齐国、晋国与西部的秦国三国联系起来，是春秋时期最高等级的政治婚姻之一。秦穆公后来为了加强与晋国的关系，也把自己的女儿嫁给晋国公子，两国连续多次联姻，秦晋之好也就成为国家婚姻的代名词。现在也泛指连接婚姻关系。

弦高智慧御敌

弦高，生卒不详，郑国人，经常来往于各国之间做生意。公元前627年，他去周王室辖地经商，途中以智逼退要攻打郑国的秦国军队，使郑国免了一场浩劫。

秦穆公任国君时（公元前659—前621年），任用百里奚、蹇叔、由余等为谋臣，先后击败晋国，俘虏了晋惠公，并灭了梁、芮两国，国势日盛，秦穆公便老想着做中原霸主。

公元前628年，秦国派到郑国（郑在晋之东，晋在秦之东）的奸细杞子派人给秦穆公送来一封密信说："郑国让我掌管他们国家都城北门的钥匙。如果秦国派一支劲旅偷袭郑国，一举可下。"

秦穆公去向蹇叔咨询此事，蹇叔说："劳师远袭，行路千里，不让人知道是很困难的，不去为好。"

秦穆公没有听蹇叔的意见，召大将孟明视，副将西乞术、白乙丙，率三百辆战车偷袭郑国。送行时，蹇叔白衣白巾，哭于军前，对两个儿子西乞术、白乙丙说："你们回来必然要经过崤（河南三门峡东南），也必将在那两山之间的地方遭到晋军的袭击。恐怕我要在那里给你们收尸骨了！"

一同来送行的秦穆公十公厌恶地对蹇叔道："你如果不这么高寿，而是中寿就死的话，坟墓里栽的树也有碗口粗了。这么老朽的人，还来管这个事！"粗暴地命人将蹇叔拉开了。

就在孟明视率军经洛邑（洛阳）东袭郑国时，已是公元前627年的春天。东周的王孙满站在洛邑的北门上看热闹，回王宫对周襄王说："秦国的军队轻率、骄傲而无礼，必败。"

秦军进至离郑国不远的滑国时，碰到了一个人，终于使这次行动出现了意想不到的转机。

这个人就是弦高。

弦高是郑国的商人，此时正赶着12头牛，驮着4张熟牛皮，准备去东周的都城洛邑把这些货物卖了赚些钱。结果在滑国和秦军不期而遇了。

弦高当时就想：这可是郑国的危急存亡之时，时下老国君亡故不久，新国君正在料理老国君的后事，守备一定不周，怎么办？想着想着，他抬眼一看自己贩的12头牛，灵机一动，计上心来。时不我待，他立马赶着这12头牛进了秦军驻地，求见秦军将领。

孟明视不明究竟，传他进来讲话。

弦高见到孟明视后，毕恭毕敬地说："我们国君听说您的军队将经过我国，希望能由我们尽点地主之谊，犒劳您的部下。因此先让我送来12头牛、4张熟牛皮。我国虽然不富有，但待大军到达之日，贵军留一天便准备一天的粮草，走时也能给贵军准备一天的干粮。"

孟明视见郑国早有防备，只得不好意思地说："我们此来是为了灭掉滑国，你就放心回去吧。"

于是，第二天孟明视下令灭了滑国便回秦国去了。在回国路过崤地时，果然遭到晋军的袭击，全军覆没。孟明视及其副将西乞术和白乙丙被俘，后来还是通过秦国嫁给晋文公做夫人的文嬴的关系把这三位大将还给秦国的。

弦高智退秦师，郑国新君要赏赐弦高，弦高只微微一笑，说："我是郑国人，只是做了我应该做的事。"他终究没有接受赏赐。

□心灵物语

　　一个普通的商人，为了挽救国家的危难，充分运用自己的智慧抵抗外敌；在行赏面前又淡泊名利，把它说成是自己该做的事情。这种精神是值得称赞的。其实只要我们保持清醒的头脑、强烈的爱国精神，也能达到像弦高一样的境界！

■史海钩沉

滑国简介

滑国是周朝分封的同姓小国，国都故址在今河南睢县西北，后来迁到费（在今河南省偃师区缑氏镇西南），故又称为费滑，与郑国相邻。

公元前678年，滑国君主参加了霸主齐桓公组织的幽之会。

之后，由于靠近强盛的郑国，滑国成了郑国的属国。但这样的政策也有过改变。公元前640年，郑国因为滑国的背叛而攻入滑国都邑，于是滑国服从了郑国。但郑国军队回国后，滑国再一次倒向卫国。因此在公元前636年，郑国再一次讨伐滑国。周襄王为滑国求情，触发了周王室和郑文公之间的矛盾，导致周郑之间的战争爆发。

公元前627年，秦国东征郑国的军队灭亡滑国，撤军回国，途中被晋国军队全歼，是为秦晋崤之战。秦国虽灭滑国，却无法占领其土地。之后滑国土地由晋国所有。

■文苑荟萃

从善如流

郑国是春秋时期的小国。当时的郑国为了防御楚国，和晋国签订了盟约。结盟的第二年，楚国即发兵进犯郑国。晋军有约在先，便派兵救援，路上与楚军相遇，楚军不战而退。晋将赵同等人主张乘机攻占楚国的土地。他们催请栾书元帅下令行动，但"中军佐"知庄子不让栾书元帅发兵，说："楚军已撤，郑国转危为安，我们就不该进攻楚国。"栾书元帅觉得有理，毅然命令大军撤回晋国。

孙氏教子忠君报国

虞潭（约263—341年），字思奥，会稽余姚（今浙江余姚）人，是经学大师虞翻的孙子。生于三国末期，死于东晋成帝咸康末年。他是东晋时期为维护朝廷统一，屡统军旅，转战各地的著名军师。

东晋虞潭之母孙氏，是孙权的族孙女，嫁给了虞忠。

孙氏年轻时，丈夫便去世，她就独自抚养年幼的儿子虞潭，从小就以尽忠报国的思想勉励教育他。虞潭长大后很有名望，朝廷很器重他。

永嘉末年，虞潭为南康太守，正好碰上杜弢叛乱，于是他率众前往讨伐。行前孙氏勉励儿子，要以死报效国家，并且拿出全部家产犒赏战士。虞潭终于打了胜仗，赶跑了杜弢。

当苏峻叛乱时，虞潭正镇守吴兴，朝廷又命他征讨苏峻。孙氏训诫他说："我听说忠臣出于孝子之门，你应该舍生取义，不要以我年老为念。"并且让全部家僮随虞潭出征，还把自己的衣服、饰物卖掉，来资助军饷。

后来孙氏听说会稽内史王舒让儿子王允之参加讨伐军队，当了都护，孙氏又动员虞潭把儿子虞楚送去，和王允之一起当都护。

平叛战乱后，朝廷拜孙氏为武昌侯太夫人，加金章紫绶。虞潭在家为母立养堂，丞相王导和朝臣们都来拜见。孙氏一直活到九十五岁才去世。

■ 心灵物语

孙氏以忠君爱国的思想教育子孙，这种思想境界颇为高尚。女性作为国家、民族的半边天，可以同男性一样为国尽忠尽责。历史上不独有抗金女将军梁红玉，抗辽女将杨门一家。孙氏如"岳飞之母"啊！

■ 史海钩沉

王与马，共天下

建兴四年（316年），西晋的末代皇帝晋愍帝司马邺被后汉刘聪掳走，司马睿成了晋王朝唯一的合法代表，理所当然的江东政权代理人。317年年底，饱受羞辱的晋愍帝被杀。318年，司马睿在建康即位，史称晋元帝。王导晋升为骠骑大将军、仪同三司，也就是宰相。实际上，此时臣强君弱，王导的权力远大于一般意义上的宰相。在隆重的登基典礼上，司马睿当众向王导提出要求共坐御床，接受百官朝贺。王导再三推辞，司马睿才没有勉强他。这就是历史上著名的"王与马，共天下"。

■ 文苑荟萃

"三吴之一"——吴兴

吴兴为浙江省湖州市的古称，三国吴甘露二年（公元266年），吴主孙皓取"吴国兴盛"之意改乌程为吴兴，并设吴兴郡，辖地相当于现在的湖州市全境，钱塘（今杭州）、阳羡（今宜兴）。隋代因地濒太湖而更名湖州，吴兴为下辖县。现湖州设有吴兴区，为市政府驻地，"三吴"之一，以人文物产名闻江南。

第二篇
国难当头以身殉

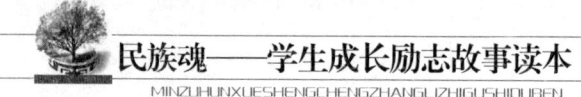
 # 少年汪锜上阵杀敌

公元前484年，齐简公刚刚即位不久。他听说鲁国因季孙氏、孟孙氏、叔孙氏三个大夫争权夺利，政局混乱，就赶快派国书、高无邳二人，带兵攻打鲁国。而鲁国此时由于大臣对于如何迎敌的计划争论不休，因而贻误了战机，致使齐军得以长驱直入，很快就打到了鲁国都城曲阜郊外一个叫作郎的地方。

这时候，鲁国有个名叫公为的人，很为自己国家的命运担忧。他时刻都在关心着战场上的消息，随时准备投身于保家卫国的战斗。汪锜是公为的邻居，虽然小小年纪，却也十分关心国家安危。他时常跟着公为登上城郊高高的土坡，观望战场上的形势。

有一天，汪锜跟着公为又一次登上土坡去观战。彼时，正逢鲁军被齐军打败。只见一批批溃不成军的败兵从战场上撤退下来，那些惊魂未定和受了伤的鲁国将士们一个个丢盔弃甲，东倒西歪，十分狼狈地靠在城墙边上喘气休息。受伤士兵的鲜血渗透了衣衫，不断发出痛苦的呻吟声。此情此景，真是惨不忍睹。

看到这种情况，公为愤愤地对汪锜说："国家养兵千日，如今却一触即溃。这都是因为国君对待百姓十分残酷，而做大官的又只顾自己享乐，不把国家的利益和百姓的安危放在心上的缘故，所以军队得不到百姓的支援，才会落得如此地步。"汪锜听后着急地问："那可怎么办？眼看着齐军快要打进我们的都城了，难道鲁国就这样完了吗？"公为说："百姓虽然怨恨国君和官僚，但是也决不愿意让齐国把鲁国灭掉。只要有人能登高一呼，把百姓动员起来，紧密地配合军队作战，战场上的形势很快就会改观的。孩子，你还年幼，来日方长，赶快回家去吧。我已经下定决心投身战斗，为保卫国家贡献出自己的力量和生命了！"

汪锜听公为说完，立刻瞪圆双眼，握紧拳头，提高了嗓门大嚷道："不！我不回去！可恶的齐兵已经打到我们的家门口，鲁国危在旦夕，保家卫国绝不仅仅是你们大人的事情，我们小孩子同样也有责任。我愿和你一块儿去，并且还要去号召更多的乡亲们来组成抗齐大军。"公为见汪锜小小年纪有这么大的志气，打心底里佩服他，便说："那好，事不宜迟，我们赶快去动员乡亲吧！"说着，他们便一起下了土坡，飞快地向自己家里跑去。

汪锜回到家里，说服了年迈的父母。他见家里没有什么趁手的武器，就拿起一把柴刀别在腰里，另外又找了根又粗又长的木棒当作武器，高举着去动员乡亲。他大声呼喊道："乡亲们！齐兵已经打到国都城外了。我们鲁国的将士们都在流血，国家快要沦陷于敌手了，我们的身家性命都要保不住了。为了保家卫国，大家快快起来去参加战斗吧！"

乡亲们看汪锜小小年纪居然有如此胆识，他们的爱国热情也油然而生，都争先恐后地想上战场为国家效力。他们有的忙着找武器，有的帮着去动员更多的乡亲。很快，他们就组织起了一支队伍。这支队伍衣着虽然不统一，却人人都怀揣一颗火热的爱国之心。

汪锜带着队伍和公为动员来的另一批乡亲会合在一起，形成了一支士气高昂的乡兵，浩浩荡荡地开赴抗敌前线。刚才溃退下来正在喘气的鲁国将士一看自己的父老乡亲都前来支援，不觉心头为之一震。他们揩干自己的血泪，重新振作精神，返回战场，呐喊着向齐军冲杀过去。

被胜利冲昏了头脑的齐国士兵在占领鲁国的土地以后，正忙于打家

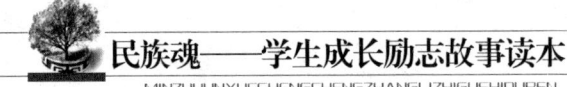
劫舍，坐地分赃，饮酒狂欢，根本没想到鲁国的军队还会打回来跟他们拼命。直到公为、汪锜率领的乡兵和鲁国的将士冲到他们面前时，他们才如梦初醒，匆忙拿起武器迎战。

很多人因为动作慢了一步，就在鲁国乡兵的棍棒和柴刀下丧了命，还有很多人死于鲁国将士的刀枪之下。齐兵很快就抵挡不住了，整个队伍被打得七零八落，丢弃了刀枪，向当初来的方向落荒而逃。鲁国的乡兵和将士奋勇追杀，直追出几十里才收住阵脚，得胜而归。

当鲁国的乡兵和将士们打扫战场，查点敌军的尸体和自己的伤亡情况时，发现冲在最前面的汪锜和公为都不见了。于是大伙儿急忙呼喊着他们的名字一路前去寻找。最后，人们发现他们两个都英勇地牺牲了。他们身上的累累伤痕和殷红鲜血，说明他们曾跟敌人发生过面对面的肉搏。他们的鲜血染红了鲁国的土地，面部呈现出蔑视敌人的豪迈气概。人们含着热泪把这两位爱国英雄和其他阵亡将士的遗体抬回都城，停放在广场上，供广大民众前来瞻仰。

■心灵物语

自古英雄出少年。如此年纪尚轻的孩子，如果没有那份忠于祖国、热爱家乡的炽热情怀，也就不会有拼死抵御外敌、血洒疆场的勇气。汪锜以身殉国，死得其所，年纪虽轻，死得重于泰山！

■史海钩沉

鲁国三桓

鲁桓公初期，羽父还较有权势，但是到了后期就不见经传，或许是桓公疏远了他也未可知。鲁桓公有庶长子庆父、太子同、公子牙、公子友。庆父、叔牙、季友的后代分别是孟孙氏、叔孙氏、季孙氏，合称三桓。

□文苑荟萃

《春秋》

《春秋》原是先秦时代各国史书的通称，后来仅有鲁国的《春秋》传世，便成为专称。这部原来由鲁国史官所编的《春秋》，相传经过孔子整理、修订后，被赋予了特殊的意义，因而也成为儒家重要的经典。

《春秋》是我国编年体史书之祖。它以鲁国十二公为序，起自鲁隐公元年（公元前722年），迄于鲁哀公十四年（公元前481年）记载了242年间的历史。它是纲目式的记载，文句极简短，几乎没有描写的成分。但它的语言表达具有谨严精练的特点，反映了当时文字技巧的进步。

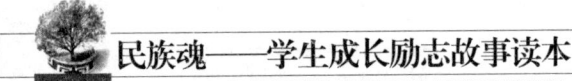
杨业为国战死沙场

> 杨业（约932—986年），本名重贵，又名杨继业，原籍麟州新泰（今陕西神木北），北宋名将。太平兴国五年（980年），辽军进犯雁门，杨业派遣少数士兵固守关城，自己率军几百绕道辽军背后进攻。他刀斩辽国驸马萧多罗，生擒辽将李重海。太平兴国七年（982年），契丹三万骑兵分三路攻宋，被杨业打得大败。杨业率军杀死辽军3000人，攻破堡垒36个。雍熙三年（986年），宋太宗二次征辽，在与辽军激战中，由于孤立无援，杨业被困陈家谷口，被俘后，誓死不降，绝食而亡。

杨业自小性格豪迈，喜欢骑射，武艺高强。二十岁时便以骁勇善战而驰名边陲，号称"杨无敌"。

宋太宗时，杨业驻防山西代州。这里是中原通往塞北的要隘，北边雁门关，悬崖绝壁，形势险要，历来是兵家必争之地。980年，辽兵进犯雁门，杨业率轻骑数千，出西口，由小道绕到辽兵背后，突然发起进攻，杀其驸马侍中萧多罗，还俘虏了辽国的都指挥使，大获全胜。由于他屡败辽兵，威名远扬，致使辽兵远远望见杨业的旗号，便立即避趋逃遁。

杨业虽屡建军功，位居将军，但在长期守边军旅生活中从不搞特殊化，食宿简朴，与士卒同甘共苦。北疆冬日，天寒地冻，士兵都穿毛皮，而杨业身上却只披棉衣一件。处理军务时，也从不要人为他架火取暖。而对部下的冷暖食宿，他却时时留意关心，深得全军爱戴。

986年，宋军分三路大举北伐，杨业率军收复朔、应、云、寰四州

（都在今山西北部）。由于东路军兵败河北，西路军主帅令杨业撤退，掩护四州百姓内迁。正在这时，辽国萧太后率十万大军攻打寰州。杨业审时度势，分析了敌我力量，建议暂避其正面锋芒，出师应州，分散辽军兵力，以掩护民众安全撤出。但杨业这一正确的作战方针遭到主帅潘仁美和监军王优的拒绝。他们要杨业出兵雁门，正面迎敌。杨业解释说："目前态势对宋军十分不利。如若正面出击，我军必然伤亡过大，无助于掩护百姓。"监军王优却不冷不热地讽刺道："你素称杨无敌，手里有精兵数万，都怕成这样，莫非有别的想法？"

军令如山。杨业只得奉命出战，但心情异常沉重。个人的生死荣辱，此时他已置之度外。他放心不下的是国家的安危，战局的态势，士卒的生命，百姓的转移。他预见到此战必凶多吉少，因此出发前杨业骑在马上，遥指陈家谷，流着热泪向主帅潘仁美要求："大帅，请务必在谷口部署伏兵，到时助一臂之力！不然，我们的将士怕是无一生还！"

杨业话毕，便策马飞奔，冲入敌阵。一时间，刀光剑影，血雨腥风，杀声动地。杨业身负数伤，士卒跟着他，个个奋不顾身，英勇杀敌。但终因寡不敌众，伤亡惨重，只剩下百余人且战且退，来到陈家谷口。杨业以为主帅会有伏兵相救，谁料潘仁美和监军王优率兵在陈家谷等候到小晌午，不见前方动静，以为辽兵败走，为了争先邀功，竟撤兵离去。杨业见谷内空无一兵一卒，知道自己已身陷绝境，便抱定牺牲的决心，对紧随在身后的将士们说："你们家中各有父母妻小在盼着你们归去，大家不必跟我一起死在这里，赶快突围出去，也好给宋军报个信！"众人齐声吼道："我们要与将军死在一起！"无一人肯离去。于是，杨业率领仅有的一百多名将士与冲上来的辽兵展开肉搏战，直到士卒皆尽，连儿子杨延业也力战，最终重伤被俘，绝食而死。

心灵物语

脍炙人口的杨家将故事几乎妇孺皆知。"杨家将"忠君为国的壮烈情怀、"杨家军"抗击辽国入侵的视死如归精神，在世间广为流传。

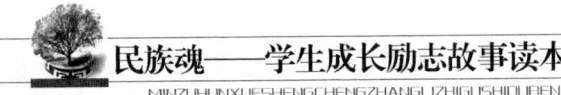
■史海钩沉

杨延昭羊山之战

宋真宗咸平三年(1000年)冬,杨延昭在羊山(在今河北徐水区西50里,今称"杨山")运用诱敌深入的战术大败辽军。当时辽军南侵,杨延昭把精锐部队埋伏在羊山以西,他从北面向契丹挑战,且战且退,将敌诱至西山。猛然间伏兵突起,辽军措手不及,丢盔弃甲,大败而逃。这一仗,杨延昭和他的部下生擒了辽军的将领,缴获了许多战马和武器。之后,杨延昭被晋升为莫州团练使。

■文苑荟萃

父子皆名将

杨业死后,他的子孙继承其精忠报国的遗志,坚持抗击辽国。其中杨延昭、杨文广最负盛名。北宋著名文学家欧阳修称赞杨业、杨延昭"父子皆名将,其智勇号称无敌,至今天下之士至于里儿野竖,皆能道之"。

 # 海龄为国家不后悔

> 海龄（？—1842年），鸦片战争时期守卫镇江英勇抗英的著名将领。郭洛罗氏，满洲镶白旗人。原为山海关驻防骁骑校，后任直隶张家口协守备。1813年9月，海龄随同直隶总督温承惠前往河南镇压李文成，因"屡著战功"，此后擢升为都司、游击、参将、副将、总兵。1835年遭琦善奏劾，降为二等侍卫，充任古城领队大臣。1840年8月，授西安右翼副都统；9月，调任江宁副都统。1842年在镇江保卫战中壮烈殉国。

　　1842年6月，英国侵略军在攻陷上海后，即出动军舰70余艘，士兵七千多人，溯长江西犯，威逼南京城的门户镇江。

　　当时，镇江城外由湖北提督刘允孝、浙江参赞大臣齐慎各领兵两千驻守；镇江城内只有海龄率旗兵千人、青州兵六百人防守，武器仅有土炮二十余门。敌我力量对比悬殊，镇江形势危急。

　　由于道光皇帝对西方殖民者的态度反复不定，朝令夕改，朝廷大臣多主张妥协退让。因此，英军所到之处，官吏皆惊慌逃窜，兵士不击自溃。当时直接管辖镇江防务的两江总督牛鉴对镇江防务不管不问，反而大肆搜刮民脂民膏以慰劳英军。当英舰西进时，牛鉴畏惧潜逃。

　　在这紧要关头，海龄挺身而出，挑起抗击英国侵略军的重担。他毅然宣布：英夷入侵，本副都统即领军出击！

　　为了守住镇江，并有效地攻击敌人，海龄进行了一系列的战前准备。如到前沿阵地查看地形，抢修工事，调整炮位；率军操炮练武，提

高杀敌技术；将大部分旗营官兵调入城内，增强城防力量；为提高兵旅的战斗情绪，预付半年军饷；清查户口，防止汉奸混入城内等。同时他还要求城内居民收集各种武器，和军队一起严阵以待，随时准备进行巷战，誓与敌人血战到底。

英军自上海沿长江西进以来，从未遇到过清军的真正抵抗。当他们看到镇江城内防备森严，不敢贸然攻城，遂屯集城外，观察动静。

恶战的阴影笼罩着镇江城！

7月15日，英军经过一番准备以后，对镇江城发起猛烈进攻。

战斗从城外焦山开始。海龄指挥扼守焦山的一百余名旗兵与英军奋力厮杀。在战斗中，海龄发现敌人每次进攻都是先用大炮轰击，尔后再让步兵冲锋。根据英军这一作战特点，海龄指挥守军将士避敌之长，击敌之短，躲开敌人的炮火，诱敌深入，乘短兵相接时将其消灭。当敌人猛烈打炮的时候，守军士兵利用树丛、岩石等将自己隐蔽起来。英军炮击之后，见山上没有动静，便让步兵冲向攻击目标。待英军爬到半山腰时，守军迅速地从各个隐蔽处一跃而出，手执大刀、长矛，出其不意地冲入敌军。英军受此惊吓，慌乱退下山去，跑得慢的就死在守军的刀矛之下。

英军之所以能在中国领土上横行无忌，主要倚仗其船坚炮利。海龄巧妙地化解了敌军炮火的威力之后，又考虑着如何对付敌军的兵舰。他号令全城军民人人献计献策，运用各种办法打击敌人。镇江军民利用水势流向，在敌舰上游向江中撒满稻草，草顺水流，沿江而下，涌到敌舰周围。被旋转的水流卷入舰身下面，缠住敌舰推进器的泼水叶子，使敌舰无法行驶，被迫停在江中。晚上，守军趁着茫茫黑夜，划着小船悄悄地靠近敌舰，利用多种燃烧物，顺风火攻。一连几个晚上，烧毁了不少英舰。

7月21日，恼羞成怒的英军经过周密的部署，对镇江城发动了总攻。驻守城外的齐慎和列允孝弃阵逃跑。城外有利的防御地形被敌军占领，城内守军立即陷入孤军奋战的被动境地。这时，英海军陆战队趁势大批登陆，将镇江城团团围住，在数十门大炮的掩护下，向南门发起攻击。

面对如此严峻的形势，海龄镇定自若。他亲临南门，登上鼓楼指挥守军打击敌人，使其无法靠近城门。遭受重挫的英军立即转攻东门、西门，并调来重炮猛轰城墙。在镇江军民齐心协力的抗击之下，英军的进攻又一次失败了。

炮声、枪声突然停了下来，城中被炮火击中的房屋熊熊燃烧，浓烈的烟雾布满天空。海龄一脸严峻，巡视着周围的一切。守军人数大大地减少了，伤员不断地增加。海龄走到兵卒中间，低声而有力地说道："弟兄们，我们的力量不多了。但我们个个都是好样的。在敌人面前，我们要做一名坚强的勇士，宁可为国家战死疆场，也不能屈辱地苟活在敌人脚下。"

战斗间的寂静是可怕的，它意味着敌军在集结兵力，谋划着更加酷烈的进攻。果然，不多久，北门响起了炮声。英军接受了前几次失败的教训，在猛烈的炮火掩护下，利用云梯悄悄爬上城墙。守军见敌人爬上城来，立即迎了上去，与登城英军展开肉搏。有的用大刀砍杀敌人，有的把敌人拦腰抱起摔下城去，有的抱住敌人一起滚下城墙……镇江城门的城墙是倚山筑建，并有寨门。狡猾的敌人发现后，遂集中十多门大炮轰击一处寨门。结果寨门被轰塌，一股股英军从轰塌的寨门缺口鼠窜入城。

在北门激战的同时，另一股英军用火药炸开了西门。守军受到两面敌人的夹攻，伤亡惨重。在战斗中，海龄路过家门，见到怀抱婴儿的妻子，连忙说道："城中兄弟在与英夷死战，但我们的力量不够，镇江难逃厄运。你赶紧带上孩子逃出城去。"妻子却镇静地说："事到如此，你还有工夫惦记我们？你应当督促士卒，死守城池，我们就不用你操心了。"说完，怀抱婴儿跳入熊熊大火之中。海龄见妻子如此壮烈，抹去眼泪，立即上马，率四十余名亲兵杀入敌群。在海龄的感召下，将士们利用房屋、断墙与敌人周旋，展开巷战，使敌人每前进一步，都要付出惨重的代价。

然而，战争毕竟是实力和战术的较量，镇江最终还是陷入敌手。海龄纵身跃入大火，自焚殉职。

□心灵物语

纵使战死，也要抗击外敌。抛头颅，洒热血，为国家，不后悔。海龄是值得赞颂的，妻子更值得敬佩。这是一种为国献身的精神，这是一种把国家看得比自己更为重要的境界。海龄和那些将士们舍身为国，他们将在烈火中永生！

第一次鸦片战争

1840年（道光二十年），英国侵略者向中国发动了第一次侵略战争。1840年6月，侵华英军总司令义律率舰只四十余艘、士兵四千多名，陆续到达中国南海海面。6月28日，英舰封锁珠江海口，第一次鸦片战争正式爆发，英国侵略中国的战争正式开始。7月初，英军侵占浙江定海，8月初到达天津大沽口外，直逼京畿。道光皇帝害怕了，连忙撤去林则徐的职务，任命琦善为钦差大臣。年底，琦善在广州与英国侵略者谈判。英军却于1841年1月7日突然在穿鼻洋发动进攻，攻陷沙角、大角炮台。1月中旬，琦善被迫答允英国全权代表义律提出的割让香港、赔偿烟价600万元、开放广州等条件。琦善私允英军条件，违背了清廷的指示精神，后来受到严惩。但在26日，英军不待中国政府同意就占领香港。清政府得知沙角、大角炮台失守后立即对英宣战。2月下旬，英军攻陷虎门炮台，水师提督、爱国将领关天培与守军数百人壮烈牺牲。5月，英军逼近广州城外，清军全部退入城内。下旬，新任靖逆将军奕山向英军乞和，与英国订立了可耻的城下之盟——《广州和约》，规定由清朝方面向英军交出广州赎城费600万元。

英国政府不满足义律从中国攫取的利益，改派璞鼎查为全权公使，增调援军，扩大侵华战争。1841年8月下旬，璞鼎查率英舰自香港北犯，26日攻陷厦门。9月英军侵犯台湾。10月攻陷定海、镇海、宁波。1842年5月，英军继续北犯。6月攻陷长江口的吴淞炮台，宝山、上海相继失陷。接着，英军溯江西上，8月5日到达江宁（南京）江面。腐败无能的清朝政府命令盛京将军耆英赶到南京，于29日与璞鼎查在英国军舰上签订了中国近代史上第一个不平等条约——《南京条约》，第一次鸦片战争到此结束。

第一次鸦片战争以后，中国开始由独立的封建国家逐步变成半殖民地半封建的国家，中华民族也开始了一百多年屈辱、苦难、探索、斗争的历程。

陈连升父子与忠烈"节马"

> 　　陈连升（1775—1841年），又名连陞，原籍湖北鹤峰县，寄居湖北恩施，土家族。陈连升出身行伍，是"久历川楚戍行之老将"。陈连升英勇善战，经验丰富，1839年被林则徐、关天培选调官涌山。由于官涌山之战屡屡告捷，年逾花甲的陈连升又接受了调守虎门第一防线沙角炮台的重任，任江协副将。1840年6月下旬于反英侵略战役中壮烈殉国。

　　马，在我国历史上通常认为是最通人性的牲畜。从野史轶闻中，我们常读到英雄与宝马的种种动人故事，如关云长与赤兔马、秦琼与黄骠马等。在广州珠江北岸的越秀山上，我们可以见到一块宽约半米、长约一米半的断碑，其碑文就记录着一匹后来被誉为"节马"和近代爱国著名将领陈连升的英雄事迹。

　　自林则徐虎门销烟之后，英国殖民者不甘心失败，屡次向我国进行挑衅。在穿鼻洋一带遭到关天培率领的中国水师痛击之后，又转攻官涌山，企图从这里突破，然后伺机进攻虎门，夺取广州。陈连升率领守军顽强地抵抗英军的猛烈进攻，并主动出击，击毁进犯珠江口的一艘英国兵船，其他船只见势不妙，连忙逃到外海。

　　1840年7月，英国侵略者北犯天津时，留一批船只封锁珠江口，以此威吓清政府妥协求和。陈连升亲率战船五艘、兵勇三千，在龙穴岛西南海面围歼进犯的英军，获得大胜。

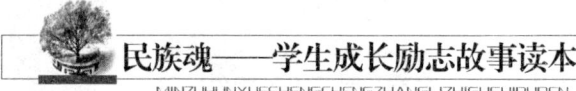
　　林则徐、关天培赏识陈连升出色的战绩，晋升他为三江协副将，并将最重要的任务——守卫虎门要塞的门户沙角炮台和大角炮台——交给了他。这两个炮台，是整个虎门防线的第一道防线，沙角炮台更是沿珠江而上进入广州的咽喉。这两座炮台一旦失守，那么虎门就难保住，整个广州城则完全暴露在敌人的火力之下。陈连升知道自己肩上的担子有千斤重，丝毫不敢懈怠。他遵照林则徐提出的"以守为战，以逸待劳"的御敌方略，率领军民日夜坚守这两座炮台。

　　1841年1月7日凌晨，英国侵略军突然袭击虎门。二十多艘英舰上的几十门大炮狂轰滥炸沙角、大角炮台。陈连升率领炮台守军英勇还击。同时，他估计炮台兵力不够，先后派人飞书钦差大臣琦善，请求增兵。可琦善拒不发兵。

　　琦善不派援兵，表面上是执行朝廷"不准开炮"的禁令，实际上是他公报私仇的卑鄙心理在作祟。原来，在虎门销烟后的一年多时间里，陈连升多次击败了英军在我国沿海的挑衅。侵略者对陈连升又惧怕又忌恨。琦善来广州接替林则徐与英国办理交涉，一味幻想求和。为讨好英军，琦善竟诬指陈连升炮击英军"送信船只"，是"肇衅"起事，下令要惩办陈连升。琦善这种颠倒是非的作为，当然遭到爱国官兵的抵制和反对。因此，琦善嫁祸陈连升以献媚侵略者的阴谋没有得逞。于是，琦善愠怒于心，伺机下手。这次，他看到陈连升送来的告急文书，便想借机报复。

　　仗着人多炮猛，英国侵略者首先攻破了防守较弱的大角炮台。侵略者头目查理·义律看到琦善未派援兵，便下令集中火力轰击沙角炮台。陈连升和他的儿子陈举鹏率领600守兵顽强抵抗。敌人见正面强攻不成，又派出陆战队，由几个汉奸带路，从后山的穿鼻湾绕道突袭西面阵地。陈连升得悉警报，立即组织兵力反击，以地雷、木石、扛炮等连续数次打退用竹梯爬上后山的敌人，歼敌数百。可是，由于运到前线的炮弹里面夹杂着很多砖石和木炭，火力很差，根本压不住敌人的炮火。激战至傍晚时分，守军伤亡惨重，弹药也快用完了。英国侵略军趁守军炮火减弱之际，偷偷地绕到三江口，放火烧毁了中国水师船，随即呼啸登岸，

与后山包抄上来的英军会合。

此时，沙角炮台已处在英军的包围之中，万分危急。眼见侵略军从前后左右蜂拥而至，陈连升跃上战马，眼含悲愤，挥动佩刀，厉声高呼："中国的土地绝不能让洋鬼子糟蹋。弟兄们，大丈夫捐身沙场，死得其所。我们一定要把敌人打下去！"将士们个个拔出腰刀，齐声响应："愿与将军同生死，誓与炮台共存亡！"

弹药用完了，只剩下箭和刀。陈连升父子手挽强弩，一口气射死了二三十名敌人。士兵们也纷纷弯弓搭箭。一时间箭如飞蝗，敌人成批地倒下。

箭又用完了，敌人仍像蚂蚁似的爬上来。陈连升手执佩刀，大吼一声，数百名勇士如猛虎下山一般向敌群扑去。

敌人本以为守军弹药和弓箭已经用完，肯定会放弃阵地而逃散，没料到他们竟勇猛无畏地扑了上来，一下子慌了手脚，没等回过神来，已身首异处。

这是一场惊心动魄的肉搏战！

陈连升跨着黄骠马，冲在最前面，佩刀抡处，血肉横飞。那匹宝马完全明白主人此时的心情，左突右闪，前踢后踏。敌人的后续部队一看不好，集中火力朝陈连升射去。陈连升躲闪不及，胸部中弹，翻身落马，昏厥在地。

陈举鹏见父亲中弹倒地，悲痛欲绝，手持长戟跃入敌群之中。千总黎志安见兵卒相继阵亡，为了不让敌人占领炮台后得到大炮，不顾身负重伤，督率士卒把40门大炮推入海中……

损失惨重的英国侵略军终于占领了沙角炮台。

一个英国兵端着上了刺刀的步枪，恶狠狠地向黄骠马走来。只见黄骠马前蹄腾空，嘶鸣一声，一下子把那个洋鬼子踢出去七八米远。这时，昏迷中的陈连升听见宝马的长鸣，苏醒过来，瞥见侵略者正要朝自己的战马开枪，便拿出佩刀，使尽全身力气向敌人掷去。接着，他忍着剧痛，捂着冒血的胸口，操起一柄插在地上的长砍刀，朝围拢上来的七八个敌人抢去。敌人惊叫着，纷纷开枪。陈连升那魁伟的身躯晃了几

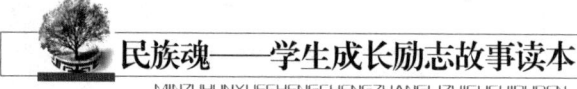
晃，终于仆倒在地。

敌人又找来了陈举鹏的遗体，竟残忍地将陈氏父子的遗体一块块切碎。如此行径，令人发指。

黄骠马见主人被侵略者切成了碎块，便前脚仆地，哀鸣不起。英军费了很大的劲才把这匹难得的好马运送到了香港。据说这匹战马居然和主人一样坚贞不屈，不肯吃洋人喂的草料。每当洋人靠近，它就奋力蹄击；若要骑上去，一会儿便会摔个鼻青脸肿。侵略者对它毫无办法，只好将它弃在海滨荒山之中。马在山上既不吃草，也不喝水，天天朝着北面嘶叫悲鸣。当地人只有把草料捧在它的嘴边，它才勉强地吃几口。如果将草料置于地上，它便昂首而去。就这样，黄骠马在伤痛和饥饿的折磨下，不久就死了。当地百姓对这匹马的行为十分崇敬，称它为"忠烈节马"。人们镌刻了《节马图》，还把绘图和诗文汇编成《节马诗册》，以为纪念。爱国诗人张维屏还作诗《三将军歌》歌颂陈氏父子的英勇奋战。

从此，"陈公不负国，马不负陈公"的故事就在我国广泛流传开来。

■心灵物语

陈连升父子和"节马"所表现的英勇御敌、抛洒热血、为保卫祖国的神圣领土而壮烈牺牲的崇高的民族气节，人民深深敬仰。马通人性，主人忠勇。战马同主人一样，为国殉难。

■史海钩沉

虎门销烟

1839年6月3日，林则徐下令在虎门海滩当众销毁鸦片，至6月25日结束，共历时23天，销毁鸦片19187箱和2119袋，总重量230多万斤。虎门销烟也成为打击毒品的历史事件。

□ 文苑荟萃

三将军歌

张维屏

英夷犯粤寇氛恶，将军奉檄守沙角。

奋前击贼贼稍却，公奋无如兵力弱。

凶徒蜂拥向公扑，短兵相接乱刀落。

乱刀斫公肢体分，公体虽分神则完。

公子救父死阵前，父子两世忠孝全。

"定海三总兵"为国血战

葛云飞（1789—1841年），字鹏起、凌召，号雨田，浙江山阴天乐乡人。嘉庆二十四年（1819年）考中武举人。道光十八年（1838年）署浙江定海镇总兵。

郑国鸿（？—1841年），字雪堂，出生于湖南省溆浦县大江口镇，后过继给其凤凰伯父郑廷松，出身行伍家庭。清朝爱国将领，定海三总兵之一。承袭其伯父为云骑尉。曾参与镇压苗民起义，历任守备、都司、参将、副将。殉职后遵旨将其英灵运回原籍溆浦县大江口镇安葬。

1840年6月，英国侵略者在广东、福建一带做了试探性的攻击，因林则徐、关天培、邓廷桢等防守严密，进攻受挫。于是，就沿海北上，进犯定海。当时，恰好葛云飞因父亲亡故而回原籍守丧，不在定海，而其余负有守土之责的清朝官僚无视葛云飞临行时的劝告："敌人虽然在广东受挫，但贼心不死，一定会乘南风北上犯疆。我们必须做好迎战准备。"由于他们疏于防范，定海很快地落入英军手中。

葛云飞听到定海失守的消息，心急如焚，立即准备奔赴镇海前线。临行前，他跪在父亲的亡灵前说："自古以来，忠孝不能两全。儿尽忠不能尽孝，今为保国安民，当效法岳飞尽忠报国。待杀退英夷后，我再来看您。"

定海失陷后，清政府派伊里布为钦差大臣，办理浙江军政要务。伊里布主张对英妥协，放弃定海。葛云飞则坚决反对，认为定海城地处舟山群岛西部定海岛的中间，周围洋面上大小岛屿星罗棋布，构成了沪、杭、甬的天然屏障，成为控制整个华东地区海上交通的咽喉，是兵家必争之地。因此，一定要收复定海。

一次，一位名叫安突德的英国炮兵军官在定海附近测绘地图，被群众抓获。葛云飞分析了当时的形势，感到这是收复定海的大好时机。因为英军侵占定海后，士兵水土不服，生病的很多，且遭到当地百姓的抵抗；而安突德又是敌军重要谋士，被俘后，英军上下坐立不安。于是，他向伊里布建议，乘敌军慌乱之际，发动猛烈进攻，一举收复定海。伊里布不仅不支持他的主张，反而强迫他参加同英国侵略军的妥协谈判。葛云飞怒不可遏，愤怒地宣称："我同侵略者不共戴天，怎能相见！"

1841年1月中旬，琦善在广州与英国代表义律私下签订了《穿鼻条约》，以换取英军撤出虎门沙角、大角炮台，归还定海。消息传来，葛云飞及广大官兵群情激愤，而伊里布却非常高兴，准备先行释放安突德，等待英军撤出定海。

狡猾的英军提出先释放俘虏，后交城池。葛云飞义正词严地表示拒绝，一面指挥官兵严阵以待，一面警告英军："你们假如要滑头，我们就将俘虏阵前正法。"英军见守军军容强大，指挥有方，只好遵照葛云飞所提的办法执行。定海又回到了中国军队手中。

1841年2月25日，葛云飞带领一支三千多人的队伍浩浩荡荡地进入定海城。同时进城的还有安徽寿春镇总兵王锡朋和浙江处州镇总兵郑国鸿。他们也是奉命前来驻守定海的。

遭受英军践踏的定海，白骨遍野，满目疮痍，景象十分凄凉。面对饱受苦难的定海百姓，葛云飞心里如同刀绞一般难受。他站在土台上，高声说道："各位父老乡亲，洋鬼子虽然退出了定海，但这是缓兵之策。他们随时都会再来侵犯，我们决不能上他们的当。只要我们同仇敌忾，齐心协力，就一定能守住定海，杀退洋鬼子。我向大家保证，只要我葛云飞有一口气在，就不会让定海落在洋鬼子手中，誓与定海共存亡！"接着，他向属下部署了"先言守，后言战"的策略，即做好定海的守备工作，积极备战，待时机成熟，再向敌人发起进攻。

在葛云飞的布置下，旧有的炮台修复好了，毁坏的城墙修葺一新。这时，清政府另派裕谦为钦差大臣，兼任两江总督。主战的裕谦给葛云飞以实际的支持：增派官兵1800名，拨给大炮50门，铁弹和炸药数万斤。裕谦还亲自来到定海，与三位总兵一起，商定修筑东西两面山头的炮台，在城南沿海地带，横筑一道长达五里的土城。

此后，三位总兵与定海军民一起，仅用一个半月时间，就完成了工程的一大半，并在沿海放置了竹签、木桩，使敌船不能靠岸。葛云飞还提出了扩建定海外城、堵塞海港等计划。

定海防御工程的修建，一直受到妥协投降势力的阻挠和反对。以浙江提督余步云为代表的一批官吏，鼠目寸光，又贪生怕死，一直主张放弃定海。他们嘲笑修城，干扰工事的修筑。道光皇帝朝令夕改，反复无常，使主战的大臣无所适从。葛云飞向朝廷奏请的御敌计策，也没有被采纳。为此，葛云飞忧心忡忡。他对王锡朋、郑国鸿说："文武大臣钩心斗角，对海疆防守全然不顾。这种局势，实在令人担忧。"

1841年8月，英国兵舰陆续北上。面对海面上游移不定的英船，葛云飞派人给设在镇海的清军大营送信，要求增加兵船和重炮，而大营内的昏官却说："小题何须大做？寄语葛总兵，但当死守，不要指望支援。"葛云飞接到回复，长叹一声："事已至此，大丈夫以身许国，竭力杀敌，一死而已。"他强忍悲愤与两位总兵讨论出御敌方案。

9月26日上午10时许，葛云飞接到海上哨兵报告：英军有29只兵船向定海开来。他立即命令做好战斗准备。下午1时，璞鼎查率两艘战舰，乘海潮闯入城西南沿海港湾窥视。船尚未及内港，即遭到守军炮火猛烈的攻击，一艘英船的桅杆被击断。接着，英舰又绕到城南沿海港湾，也遭到守军的轰击，英军慌忙退走。

次日凌晨，三艘英船从正面攻击城南土城防线，葛云飞指挥半塘守军将其击退。28日拂晓，英军进攻城西，王锡朋率领守军巧妙地利用岩洞隐蔽自己，消灭敌人，使英军无法登陆。29日，英军兵分两路同时发起进攻，以分散守军兵力，结果又被击退。从26日至30日，英军发动了40舰次的进攻，仍未能占领滩头阵地。这五昼夜的激战，定海五万守军是在极度困难的条件下进行的。英军有精良的武器，并不断地增援；守军装备落后，使用土炮、弓箭、刀矛，加上阴雨连绵，城内外一片泥泞，弹药、粮食接济不上，伤亡惨重。这就使双方战斗力的差距越来越大。但全体官兵矢志抗敌，"前队阵亡，后队继进"。

10月1日半夜时分，英军经过充分准备，纠集所有兵力，发起全面进攻。一路英军在炮火支援下，乘火轮船冲向南海岸，直逼土城；另一路英军在西山头的北面海上，利用舢板登陆，袭取通向定海的那条险路。王锡朋指挥士兵端着土枪，拖着土炮，截击敌人，多次打退英军进攻。后因枪管、炮筒烧红，不能再发射，就与英军展开肉搏战。战斗一直相持到下午两点半。这次，英军登陆的有1000人之众，王锡朋不幸被英军炮弹击中，壮烈牺牲。

英军占领西山头后，转攻城西南的郑国鸿防区。郑国鸿在身中数弹的情况下仍指挥战斗，直至流尽最后一滴血。

在城西、城西南激烈战斗的同时，葛云飞带领守军在半塘奋勇阻击从城南登陆的侵略者。葛云飞头扎青巾，身穿麻袍，脚蹬铁齿靴，冒着敌人的炮火，一边指挥战斗，一边亲自操炮轰击敌人。

郑国鸿、王锡朋阵亡后，葛云飞防区已是三面受敌。当他看到西面突然涌出一股英军时，命令士兵把大炮转向西面射击，可大炮深陷淤泥，无法挪动。在此情况下，葛云飞带领剩余的200余名勇士冲向敌阵，刀劈枪挑，斧砸棍击，打得英军鬼哭狼嚎，胆战心惊。待守军转战到竹山门时，英军已全数登陆，人越来越多，子弹像雨点一样向葛云飞和勇士们射来。葛云飞负伤40余处，面部也受了重伤，右眼突出。但他还是咬紧牙关，一刀又一刀地劈向敌人，并亲手杀死了被俘释放的英军军官安突德。然而当他冲到山脚去救一名兵卒时，从背后射来的一颗子弹洞穿了他的胸膛。他跟跄了几步，又挥刀砍倒了几个敌人，才一头栽倒在岩石旁。其余200余名士卒也全部阵亡。

后来，人们将带领守军英勇抗击侵略的葛云飞、王锡朋、郑国鸿统称为"定海三总兵"。

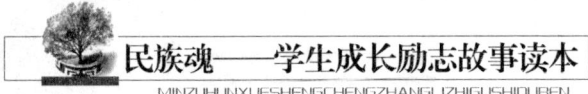
□心灵物语

葛云飞等三总兵守的不光是定海，还有民族的尊严。我们无法忘怀那些为保国守疆而流尽最后一滴血的英雄们，"以先国家之急而后私仇也"，这种精神至今仍然值得我们学习。

□史海钩沉

中英签订《南京条约》

《南京条约》是中国近代史上与外国签订的第一个不平等条约。道光二十二年（1842年），清朝在与英国的第一次鸦片战争中战败。清政府代表在泊于南京下关江面的英军旗舰康华丽号（也译作皋华丽号）上与英国签署《江宁条约》，又称《中英南京条约》。

□文苑荟萃

葛云飞故居

葛云飞故居位于浙江省萧山区进化镇山头埠村，由宫保第和葛氏宗祠组成。宫保第建于清代，是葛云飞的诞生之地，现存建筑为面宽五间带两间厢房的二层楼屋。葛氏宗祠建于清中晚期，是葛云飞的读书地，由门厅、正厅和厢楼组成。葛云飞故居宫保第和葛氏宗祠是民族英雄葛云飞出生、成长和接受教育的地方，也是缅怀先烈和进行爱国主义教育的重要场所。两处建筑均建于清代，为典型的江南民居和宗祠建筑。

铁血诗人丘逢甲

> 丘逢甲（1864—1912年），字仙根，生于台湾苗栗县。14岁参加童子试，获全台湾第一名，被称为"东宁（台湾的别称）才子"。之后，他先后进入筱云山庄和海东书院学习。1888年考取举人，光绪皇帝钦点他为工部主事，可年轻的丘逢甲无意在京城做官，告假回到台湾，担任《台湾通志》的编纂工作，同时以主要精力从事讲学。
>
> 1895年率领台湾人民开展反抗日本占领台湾的斗争。因力量悬殊，被迫南撤。后因国事操劳过度、忧国忧民，在广东病逝。

春愁难遣强看山，往事惊心泪欲潸。

四百万人同一哭，去年今日割台湾。

这是近代著名爱国诗人丘逢甲咏怀台湾的一首七绝。诗中饱含着强烈的悲愤之情，揭露了清廷当权者割让台湾的卖国行径，抒发了对故土眷恋的浓浓情思。

1894年底，清军在朝鲜、辽东接连败北，丘逢甲忧心忡忡，暗想，台湾久为日本垂涎，屡受侵扰，这回更难避战祸。于是，他向台湾巡抚唐景崧请命，愿率岛民守卫疆土。唐景崧应允并授予他招募兵士之权。

丘逢甲为此奔走于台岛。他向岛民们呼吁："台湾孤悬海外，去朝廷太远，一旦发生不测，远水难救近火。我们只能自己组织起来，保卫

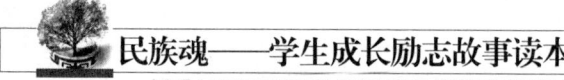

家乡。不然的话，祖宗庐墓之地将沦落于敌人之手，我们也就无家可归了。"他还变卖家财以充军饷，并要求自家成年的兄弟子侄率先参军。他的行为使岛民深受感动，踊跃投奔，很快组成了人数甚众的义军。他被推为统领，著名的抗日保台英雄徐骧、吴汤兴等都是他的部将。

1895年3月，李鸿章一行赴马关向日本侵略者乞和。丘逢甲闻讯，即向唐景崧表示："如当国者真有舍弃台湾之意，我愿举所有义军共保危疆。"台湾被割让的消息传来，丘逢甲异常愤慨，屡次驰电朝廷表示抗争，甚至咬破手指写下了血书，力争保卫台湾。他痛哭流涕，叮嘱部属："朝廷割弃了台湾，那是卖国！我们可不能把世代生存之地拱手让给敌人。"

1895年5月，李鸿章的儿子李经方在日舰上与日将桦山资纪偷偷办理了交割台湾的手续。丘逢甲知道消息后，立即向全岛发出倡议，筹建民主国，领导大家自主抗敌。全台爱国绅民均表赞同，推他起草有关章程、文告和临时宪法。

5月25日，台湾民主国宣告成立，设议院为立法机关，定蓝地黄虎国旗，年号为"永清"。这一天，长方形蓝旗迎风飘展，上绣昂首翘尾的黄虎。唐景崧在绅民的簇拥下，朝北叩头，受台湾民主国总统之任。他随即电告朝廷准备留台抗敌。

然而，唐景崧这一切都是在丘逢甲等一些爱国志士和社会舆论的压力下被迫进行的，他的抗战之心并不坚定，对台岛的布防更是不管不问。5月29日，守军与日寇交战后，一触即溃。唐景崧恐惧至极，于6月5日逃回厦门。

唐景崧内渡后，台北陷入极度混乱之中，散兵游勇为劫夺库银厮杀不已。丘逢甲闻讯，急调义军赶来稳定局势。行军途中，传来台北沦于敌手的消息，只得率义军驻防台中门户新竹县，与徐骧、吴汤兴等合力抗战。由于义军枪械不济，粮草断绝，在新竹血战一月余，被迫南撤。

丘逢甲在新竹受挫后，汇集残部，联络当地民众，准备扼山死守。部将谢道隆对他说："死是容易的，但要想强国复土，不如内渡，以图他日雪耻。"丘逢甲只有无语颔首，率全家哭别故乡，内渡到了广东。

丘逢甲回到祖籍广东蕉岭淡定山村，心事浩茫，却没有消沉，时刻都在焦虑着国土破碎、家乡沦亡的惨痛现实，眷恋着台湾的山山水水和骨肉同胞，坚持着收复失地的顽强信念。他以笔为武器，字字血泪，写下了饱含爱国主义激情的动人诗篇。从1895年到1911年的17年间，他先后写了两千多首诗。后来选取其中的1700余首，结集《岭云海日楼诗钞》。这些诗歌寄托着丘逢甲誓报国仇、统一祖国的壮志，也深刻地反映了19世纪末期中华民族的苦难。

丘逢甲朝夕怀念挣扎在日寇铁蹄下的台湾父老兄弟。在《天涯》中，他洒泪悲歌：

> 天涯断雁少书还，梦入虚无缥缈间。
> 兵火余生心易碎，愁人未老鬓先斑。
> 没蕃亲故沦沧海，归汉郎官遁故山。
> 已分生离同死别，不堪挥泪说台湾。

为了不忘"大九州成大一统"的爱国志愿，丘逢甲将儿子丘琮改名为丘念台，将自己的房舍取名"念台精舍"，还在诗中写道：

> 亲友如相问，吾序榜念台。
> 全输非定局，已溺有燃灰。
> 异地原非策，呼天倘见哀。
> 十年如未死，卷土定重来。

此诗表达了自己光复台湾的雄心及台湾宝岛一定能够回到祖国怀抱的坚强信念。

日本侵略者占领台湾之后，沙皇俄国又出兵入侵中国，霸占旅顺、大连，肆无忌惮地掠夺了我国东北、新疆的大片领土。放眼北望，尽是沙俄血淋淋的侵略暴行和受苦受难的同胞。1897年，丘逢甲在《岁暮杂感》中写道：

> 一曲升平泪万行，风尘戎马厄潜郎。
>
> 民愁竞选黄天说，岁熟如逢赤地荒。
>
> 七贵王侯金穴富，白山黑水铁车忙。
>
> 老生苦记文忠话，多恐中原见鹫章。

诗中首联句自言老生于风尘戎马之中，不能施展抱负。三、四句写民情鼎沸，到处是统治者和侵略者造成的人祸，致使大熟之年老百姓仍生活无着。第五句暗喻以慈禧太后为首的封建权贵在国难当头还醉生梦死，拼命地搜刮百姓。后三句是说沙俄正忙于在中国东北修筑铁路，扩大势力，使人们不禁想起了四十多年前林则徐所说的话"终为中国之患者，其俄罗斯乎"的警语，无比担忧祖国的命运。

帝国主义的频繁侵略，使诗人发出了痛苦的感叹："九州天地不胡尘，难觅名山老此身。""东南已无干净土，半壁江山半腥血。"他殷切希望全国人民团结起来，共御外敌。对祖国的忠诚和对敌人的仇恨，终于凝聚成雷鸣般的呐喊：

> 渡江誓报祖国仇，中原不使群胡留。
>
> 山河破碎，民族危难，百姓遭殃。

丘逢甲认为，重整河山须振奋民气，启迪民智。因此，在他的后半生中，先后在潮州韩山书院、潮阳东山书院、澄海景韩书院担任主讲。在教学中，他深深感到，造就栋梁之材，必须创建新式学堂。

1900年，丘逢甲专程到新加坡、马来西亚等地向爱国华侨募集资金，在汕头兴办了"岭东同文学堂"，开设化学、经学、史学、算学等课程，并聘请外国学者来兼课，向学生传播新思潮和西方文明，引导学生关心祖国的前途和命运。

此外，他还创办了镇平初级师范及东山、员山的创兆学堂，并委派

学生去福建等地开办新学。一时桃李芬芳，名满天下。

1906年起，丘逢甲相继担任了两广学务处视学、广州府中学堂监督、广东教育总会会长等职，被推崇为当时广东最有名望的教育家之一。

1911年，武昌首义，各地响应，广东也宣布独立。丘逢甲被推为广东省代表，赴南京组织临时政府，并被举为参议院第一名台湾籍参议员，参加了孙中山所主持的民国肇基的盛典，发出了"江山一统都新定""中华民族此重兴"的欢呼。

由于操劳国事过度，丘逢甲在南京出席会议期间肺病复发，口吐鲜血，只得中途退席，仓促返回广东。1912年2月25日，49岁的丘逢甲病情恶化，在广东原籍镇平山病逝。临终前，他嘱咐家人将他南向而葬，以示不忘台湾之心。

■心灵物语

这些诗句，不光饱含了强烈的爱国之情，更如同一把犀利的武器。丘逢甲不仅是文坛上的优秀诗人，更是战场上的铁血男儿，为维护祖国的统一、反抗外敌侵略贡献了一个普通中国人所应贡献的一切！他的爱国精神深为当时人们所称道。直到今天，他也为海峡两岸的中国人民所崇敬和景仰。

■史海钩沉

台湾光复

1895年，日本与清朝签订《马关条约》，强占了台湾。1941年12月9日，中国政府发布《国民政府对日宣战文》，"昭告中外，所有一切条约协定合同，有涉及中日间之关系者，一律废止"。因此，《马关条约》属于废止之列，日本对台湾和澎湖列岛的统治，从是日起即失去凭借。1943年11月26日，美、英、中三国签署的《开罗宣言》规定：战后东北、台湾和澎湖列岛应归还中国。1945年7月26日，美、英、中三国签署的《波茨坦公告》，再次确定了台湾和澎湖列岛等应归还中国。

日本无条件投降后，中国政府决定由陈仪任台湾省行政长官兼警备司令，主持接受当地日军第十方面军十六万九千人的投降。10月2日，台湾省行政长官公署及警备司令部前进指挥所在台北成立，处理日军集中及受降各事。17日及22日，中国陆军第七十军、第六十二军分别在基隆港和高雄港登陆。25日，中国战区台湾省受降仪式在台北市公会堂（今中山堂）举行。日本原台湾总督兼第十方面军司令官安藤利吉大将向台湾受降主官陈仪递呈投降书，然后陈仪发布广播演说，宣布"从今天起，台湾及澎湖列岛正式重入中国版图，所有一切土地人民政事皆已置于中华民国国民政府主权之下。这种具有历史意义的事实，本人特报告给中国全体同胞及世界周知"。日本占领中国台湾省五十年的历史到此结束。

1945年10月25日，国民政府在台北中山堂举行台湾对日本的受降典礼。翌年8月，台湾省行政长官公署颁布命令，明订10月25日为"台湾光复节"，简称"光复节"，以为纪念。"台湾光复"一词，自此就被各界大量运用。

■文苑荟萃

丘逢甲诗二首

离台诗

宰相有权能割地，孤臣无力可回天，
扁舟去作鸱夷子，回首山河意黯然。

山村即目

一角西峰夕照中，断云东岭雨蒙蒙。
林枫欲老柿将熟，秋在万山深处红。

第三篇
铁血侠骨铸长城

传奇英雄霍元甲

> 霍元甲（1869—1910年），字俊卿，清末著名爱国武术家。他武艺出众，又执仗正义，继承家传"迷踪拳"绝技，先后在天津和上海威震外国大力士，是一位家喻户晓的民族英雄。他的一生虽然短暂，但轰轰烈烈，充满英雄色彩。

霍元甲少年时期以打柴为生，其后当过脚行。1896年春天，霍元甲结识天津北门外竹竿巷怀庆药栈掌柜农劲荪，遂去药栈干活。

当时，药栈进货，每捆药材包重达五百斤，力气大的伙计两人抬一包还很吃力，而霍元甲能独挑两包，其神力为观者惊服。一天早晨，药栈刚开门，只见两个八百斤重的轧路石碾堵在门口。又有一天，药栈门前井台上有两个大青石倚立着，稍一触动即可将井台撞毁。这两次暗中投来的挑衅，都被霍元甲飞脚挥拳，一举排除。从此，"霍大力士"之名传遍天津。

这段时间，农劲荪常给霍元甲讲古今中外趣事，使霍元甲大开眼界，明白了不少道理，也激发了他的爱国报国之心。

1900年，北京源顺镖局号称"大刀王五"的大侠王子斌来津，与霍元甲一见如故，霍元甲对王子斌尊重有加。1900年农历六月十八日，"大刀王五"在与洋人的斗争中惨遭杀害，被八国联军斩首示众。得知此事后，霍元甲与徒弟刘振声潜入京城。趁夜深人静之时，霍元甲爬上十几米的标杆抢回王子斌的首级，在《老残游记》作者刘鹗的协助下，将义士身首合葬，尽了朋友之义。

1901年，有个自称"世界第一大力士"的俄国拳师到天津卖艺，声称"打遍中国无敌手"。霍元甲闻讯后，立即赶去要和他比武。俄国拳师得悉霍元甲的威名，始终不敢出场比赛。最后，他登报承认自己藐视中国人的错误，灰溜溜地离开了天津。

霍元甲立志振兴武术，强种御侮，在家乡广收徒弟，传授拳术。1909年，霍元甲来到上海，以"专收各国大力士，虽铜筋铁骨，无所惴焉"的勇气大振国威，从此声名远播。

1910年6月，霍元甲在上海创办"中国精武体操会"，后改名叫"精武体育会"，这也为霍元甲赢得了"精武大侠"的美名。然而创办精武会仅三个月后，霍元甲便于1910年9月14日不幸逝世。民间一直流传，他是被日本人害死的。

孙中山先生对霍元甲"以武保国强种"的胆识给予了很高的评价。在精武会成立十周年之际，孙中山亲临大会，为"精武"会刊撰写序文，并亲笔题写"尚武精神"四个大字。

如今，精武体育会已遍布国内外，尤其在东南亚一带盛行，会员多达几十万。这个"以国术为根本，以武术为皈依"的民间体育社团，始终高举"爱国、修身、正义、助人"的大旗。

■心灵物语

霍元甲的事迹众人皆知，霍元甲的一生更是充满传奇，我们也要传承霍大侠这种爱国精神，强种强身，进而让国家强盛，实现中华民族的伟大复兴。

■史海钩沉

霍元甲之徒刘振声

刘振声早年丧父，后随母亲改嫁到天津静海县（今静海区），终生未返

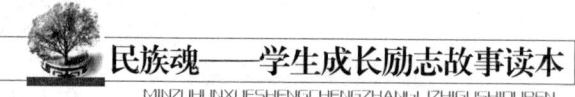
回故乡。在此期间，刘振声结识河北乐亭县一位姓刘的老板，并认作义父，在义父的引见下被霍元甲收为弟子。霍元甲将"传内不传外"的霍家拳传授给他。

刘振声跟随师父闯荡，名震四海。后来霍元甲遇害，刘振声暂时接管精武门。后落发为僧，不再以刘振声为称，只对外说自己叫刘庆顺，从此刘振声便在江湖神秘消失了。刘振声后流落到东北，做过杜惠林的保镖。杜惠林看重他的人品，曾以商号相赠，但刘振声不满杜的奢侈生活，坚辞而去。此后在沈阳北门开设了"三光门武术馆"，张作霖从杜惠林口中得知刘振声的为人，聘他为张学良兄弟的武术教师。张作霖被炸死后，张学良从关东退守，刘振声不满其妥协态度，在撤军时不辞而别。后在滦县境内从火车跳下，投奔乐亭年迈的义父。

■文苑荟萃

霍元甲故居纪念馆

霍元甲故居纪念馆坐落在天津市西青区小南河村。1986年，天津市西青区人民政府整修了霍元甲故居，修建了霍元甲陵园，用以纪念这位名震中外的爱国武术家。1997年，再次修葺了霍元甲故居，扩建了霍元甲陵园，辟为"霍元甲故居纪念馆"。霍元甲故居纪念馆从建成之日起已有数万的爱国人士前来参观瞻仰，重温霍元甲这位爱国英雄的传奇事迹和感人精神。如今，纪念馆已被列为天津市重点文物保护单位和天津市青少年爱国主义教育基地。

王铭章奋战孤城

> 王铭章（1893—1938年），字之钟，成都市新都人，早年参加保路运动和讨袁战争，历任国民革命军第二十九军第四师师长、川军第四十一军第一二二师师长、川军第四十一军代理军长等职。

1937年9月12日，王铭章率川军北上抗日。出师前，在驻地德阳慷慨誓师。他在军民万人大会上，以悲壮激昂的语调向与会军民表示："寇深国土，国难当头，我一定要用热血报国的实际行动，来赎回二十年来参加内战危害人民的罪愆。"接着他返回新都，辞别家乡父老。临行前的晚上，他把一家人叫在一起说："现在日寇深入国土，国家危在旦夕，我军率先请缨出川抗日，已奉电批准。我知道，打日本帝国主义，是我弱敌强，当然要付出很大代价。何况川军的编制不足，武器装备低劣为国军之最。这次出征非三年两载，我的决心是不成功则成仁。我身为军人，战死在为国为民的疆场上，也是死得其所。"

出川后的王铭章首战山西，在娘子关给自命不凡的日军第十四师团以沉重打击，为川军赢得了声誉。1937年底，日军占领浦口和济南后，开始由津浦路南北两个方向合攻徐州，企图打通津浦路，将南北两个战场连为一体，然后沿陇海路西进，利用中原平坦地势，发挥其机械化部队优势，直扑平汉路，消灭郑州、武汉间中国军队主力，一举攻占武汉。

1937年11月，王铭章所在的第二十二集团军奉命调至徐州、汤山一

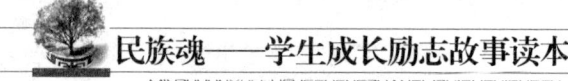

带，阻击沿津浦铁路线南下之敌。王铭章率部担起了守卫滕县的重任。

滕县位于兖州、邹县之南，徐州之北，春秋战国时期曾为滕国的都城。泰安、兖州失陷后，滕县成为津浦线正面至关重要的一个战略要点。日军要由津浦铁路南下占领徐州，就要首先占领滕县。为此，日军在兖州、邹县一带集结了重兵。为保卫徐州，国民党第五战区把主要兵力布置在台儿庄，守卫滕县就是为部署台儿庄争取时间。

进犯滕县之敌，是日军第十师团、第一零六师团和第一零八师团。他们有大炮70多门，战车四五十辆，并有配合作战的飞机四五十架，装甲火车两列，共约三四万人，统一由第十师团团长矶谷廉介指挥。

保卫滕县的中国参战部队为第二十二集团军，所辖两个军均系"乙种军"编制，即每军两个师，每师两个步兵旅，每旅两个步兵团，根本没有任何特种兵编制。集团军武器简陋，装备陈旧。主要武器为四川土造的七九步枪、大刀、手榴弹和为数很少的四川土造轻、重机枪和迫击炮，没有一种新式重兵器，更谈不上交通、通信、补给、卫生等各种装备器材了。该集团军于12月初进行了整编，全集团军实际只有八个团，总兵力不过两万来人。

面对凶猛的来犯之敌，第二十二集团军总司令孙震任命王铭章为第四十一军代军长，统一指挥第一二二、一二四师。实际上在滕县县城内由王铭章统一指挥的只有这两个师的师部和第三六四旅旅部的兵力，加上滕县地方保安团队400多人，兵力一共不足3000人。而日军沿津浦线南下的兵力达10万之众，且为精锐部队，装备着山炮、野炮、重炮等重武器，还有高射机关枪、战车防御炮等兵器。临危受命，王铭章将军将个人生死早已置之度外。他勉励守城将士说："以川军薄弱的兵力和简陋的武器，担当保卫徐州第一线的重任，力量之不足，是不言而喻的。但是我们身为军人，卫国保民而牺牲，原为天职。只有决心牺牲一切，才能完成任务，虽不剩一兵一卒，亦无怨尤。不如此无以对国家。"

1938年3月14日拂晓，滕县外围的战斗打响了，日军步兵、骑兵1万多人，大炮20多门，坦克20多辆，飞机二三十架，向滕县守卫军第一线阵地展开全线攻击。在王铭章的指挥下，外围的将士奋勇杀敌，使日军在两天之内没能前进一步。15日，日寇鉴于从滕县界河正面阵

地进攻未能得手，改变了攻击方式，除以正面主力继续猛攻外，另以3000余人从侧面迂回包抄滕县。15日下午，日军愈来愈多，但滕县城关只有第一二二、一二四、一二七师的三个师部和第三六四旅旅部，每个师部和旅部只有一个特务（警卫）连、一个通信连和一个卫生队，此外没有任何战斗部队，城防处于十分危急状态。

　　面对敌人的迂回包抄，王铭章想阻击却抽不出兵力，只好把在外围担任正面防御的部队撤回城内。此时，滕城已是危急万分。下午5时30分，王铭章在电话上直接向第七二七团团长张宣武下达命令："一，师决心固守滕县城；二，第七二七团除在洪町、高庙的一个营仍在原地执行原任务外，另以一个营留置北沙河第二线阵地暂归第一二七师指挥，该团长即率领其余部队立即由现地出发，跑步开回滕县布置城防。"

　　接着，王铭章又命第七二七团将北沙河上的铁路大桥予以炸毁破坏，并将第一二二师师部驻扎在了滕县西关电灯厂内。截至15日深夜，滕县城关的战斗部队，共约2500人。此外，滕县县长周同所属的武装警察和保安团有五六百人。合计城中有武装力量3000人，但真正的战斗部队不足2000人。

　　16日黎明，日军万余人向滕县发起全面进攻。日寇的炮兵和飞机同时以密集火力向滕县东关、城内和西关火车站疯狂扫射。驻在西关电灯厂的王铭章师长，听到枪炮声后，火速召集在滕县县城的师团长会面。他询问了城防部署、工事构筑、弹药补充等情况。王铭章估计援兵最快也得夜里才能赶到，如不能守一天以上，那就不如在城外机动作战。于是他立即请示集团军总司令孙震，提出到城外机动作战的意见。

　　孙震让王铭章确保守住滕县以待援军。此时，王铭章下定决心，把城外所有的第四十一军部队统统调进城内，并立即传谕昭告城内全体官兵，决定死守滕城，与大家一道，城存与存，城亡与亡。任何人不准出城，违者就地正法！王铭章向全体官兵表达了誓与城池共存亡的决心，亲自布置城防事宜，调集各部队组成统一的守城部队，明确了指挥系统并制订了详细的作战计划。他勉励全体官兵奋勇杀敌，为坚守滕县战斗到最后一分钟。

　　日军在界河、龙山、普阳山、滕县城关等处，碰了硬钉子，伤亡惨

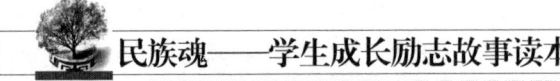

重。于是在16日夜间，矶谷廉介调集了第十师团和第一零六师团的一个旅团，共三万多人的兵力，大炮70多门，战车四五十辆，向滕县城关东、南、北三面猛攻。17日上午6时许，敌人以五六十门山炮、野炮密集攻击，敌机20余架临空投弹、扫射。炮弹、炸弹如倾盆大雨，整个滕县城除北关是美国教堂所在地外，一时硝烟弥漫，墙倒房塌，破坏之惨，实属罕见。下午3时30分左右，日军占领了南城墙。

与此同时，东面日军对东关再次发起更猛烈的攻击，寨墙被敌炮炸开，阵地工事全部被摧毁。东关守军无所凭借，以至死伤愈来愈多，弹药（特别是手榴弹）也已告罄。因而在南城墙被敌占领之后不久，东面之敌步兵约五六百人在10余辆坦克的掩护下，突入东关。守备东关的第一二四师第七四零团团长王麟，在激烈的炮火中，奋不顾身地亲临前线督战，被敌炮弹击中头部，尚未抬出西门，即因伤重而死。该团政训员胡清溪也同时中弹阵亡。

南城墙和东关失守后，王铭章亲临城中心的十字街口指挥督战。敌人攻入南城、西城后，即集中火力向城中心十字街口射击。王铭章除令城内各部队与敌人巷战，死守西关待援外，亲自登上西北城墙，指挥作战。王将军命令身边仅有一个排的警卫连从西北城角向西城门楼之敌猛扑，夺取西门城楼，但是由于敌人火力太猛，全排战士壮烈牺牲。这时，西城门楼之敌继续向北压迫。王铭章遂决心转移到西关火车站第三七二旅，继续指挥守军与敌拼杀。

但当王铭章将军行至电灯公司附近时，即被西城门楼之敌发现，一阵密集的机枪扫射，王铭章及其部属、随从共二十余人大部为国献身。王铭章身中数弹，血流如注，但仍挣扎着身躯对部属说："你们快同敌人拼去吧！不要管我！"最后他呼喊："中华民族万岁！"便气绝身亡，时年仅45岁。王铭章将军牺牲后，滕县城中守军继续与敌人拼杀，激战至黄昏，东门失守。直到18日上午，日军才占领滕县。

滕县保卫战自3月14日早晨开始，至18日上午止，王铭章率部坚守滕县，与日寇血战四天四夜，计约108小时，共毙敌2000余人。16、17日两天来，滕县城关落下3万余发炮弹。第四十一军守城部队自一二二师师长王铭章以下伤亡5000余人，在滕县以北界河、龙山一带作战的第四十五军，自一二七师师长陈离以下伤亡亦达四五千人。

滕县保卫战揭开了台儿庄战役的序幕。滕县保卫战以巨大的牺牲阻滞了日寇精锐之师数万人的南下，为第五战区备战台儿庄会战赢得了宝贵的时间，为保卫徐州、巩固武汉立下了不朽的功勋。日军的报道也证明王铭章代军长及守城将士忠勇卫国，拼死抵抗，确实使得日军遭受重大挫折。

滕县失陷，日军守备甚严。集团军总部派人，委托当地帮会和红十字会等团体寻得将军遗体，偷运出城，进行装殓，辗转运往武汉进行公祭。由于王铭章将军牺牲之壮烈，为抗战以来所鲜见，对民族气节和前方士气都起了一定的激励作用。将军灵柩所经之处，军政机关及群众特别是青年学生等，自动前往祭奠迎送，极为哀痛。

1938年5月9日，将军的灵柩运抵武汉大智门火车站，武汉万余人民群众前往迎灵。中共中央代表吴玉章、董必武，八路军代表罗炳辉等都参加了迎灵和公祭。中共中央军事委员会主席毛泽东同吴玉章、董必武等联名撰赠挽联一副"奋战守孤城，视死如归，是革命军人本色；决心歼强敌，以身殉国，为中华民族争光"，对王铭章将军视死如归的革命精神表示崇高的敬佩和对他以身殉国表示深切的哀悼。《新华日报》派代表参加公祭并致悼词，悼词最后称，王铭章将军是为国家、为民族、为全中国人民牺牲的，他的勋名将永垂史册，他的精神将永远不死。当时的国民政府对王铭章将军的抗战也给予了高度评价，不仅追赠他为陆军上将，而且明令褒扬，举行国葬，拨款1.2万元治丧，并将其生平事迹宣付国史馆。

1984年9月，中华人民共和国民政部正式追认王铭章将军为革命烈士。

心灵物语

王铭章所坚守的不仅仅是一个滕县，而是中华民族的尊严以及不可侵犯的神圣！奋战守孤城，视死如归，是革命军人本色；决心歼强敌，以身殉国，为中华民族争光。

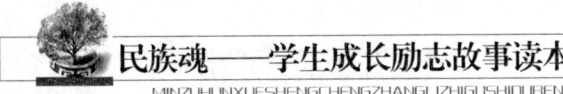

■史海钩沉

川军易帜

全国政治形势的发展，迫使川军将领要作出何去何从的抉择。1926年6月，广州国民革命军出师北伐，深入湖南，攻克长沙、岳阳，兵锋直指武汉。慑于北伐军威力，四川军阀亦投机革命，派代表与北伐军联系。8月13日，刘湘、赖心辉、刘成勋、刘文辉联名发出讨伐吴佩孚的通电。尽管如此，川军各部仍首鼠两端，坐观时变。当时，北伐军为了防止川军援助吴佩孚，派出了四川籍共产党员朱德、陈毅到杨森部做工作。9月初，中共四川省委负责人之一、原川军将领刘伯承领导泸顺起义，以武力迫使川军易帜。10月，北伐军攻克武汉，声威大震，四川军阀见大势所趋，亦表示服从国民政府。11月，广东国民政府分别委任杨森、刘湘、赖心辉、刘成勋、刘文辉为国民革命军第二十、二十一、二十二、二十三、二十四军军长。12月，任命邓锡侯、田颂尧为第二十八、二十九军军长。至此，川军全部易帜（刘存厚于1929年7月被蒋介石任命为新编第十五师师长），改挂青天白日满地红旗帜，归属国民政府统辖。

■文苑荟萃

王铭章墓

王铭章墓位于四川省成都市新都区桂湖公园侧森林广场内，为纪念抗日爱国将领王铭章所建的墓园，为县级文物保护单位。墓园始建于1938年，落成于1942年，文化大革命中被毁。1984年，四川省人民政府追认王铭章为革命烈士，中华人民共和国民政部颁发《革命烈士证书》之后，新都区政府于1985年重建王铭章烈士墓园，碑文题"抗日阵亡将领122师师长上将王铭章英烈之墓"。

 # 佟麟阁和他的29军

> 佟麟阁（1892—1937年），原名凌阁，字捷三，河北省高阳县边家坞人，国民党追赠他为陆军二级上将。佟麟阁早年参加护国讨袁战争。1933年率部参加长城抗战，取得喜峰口大捷。同年5月，参加察哈尔抗日同盟军，任第一军军长兼代理察哈尔省（今内蒙古自治区）主席，跟随冯玉祥驰骋察哈尔省，打击日军，收复失地，为察哈尔省光复作出了贡献。1937年7月底保卫北平，在与日寇进行战斗中，率领二十九军英勇抗敌，壮烈殉国。

　　1937年7月7日夜，驻丰台日军借口一士兵失踪，派人过卢沟桥入宛平县城搜查，此无理要求遭到第二十九军守城部队吉文星团坚决拒绝。8日晨，日军以猛烈炮火向驻卢沟桥的第二十九军所部发起攻击。

　　卢沟桥距北平城前门15千米，为北平南门户，战略位置非常重要。桥东7千米处的丰台为平汉、平绥、北宁铁路交会点，是通向天津、保定的要衢；桥南6千米的长辛店是平汉铁路北段要镇。进可攻、退可守的卢沟桥一旦被日军占领，铁路交通被截断，北平将成为无援死城。觊觎卢沟桥的日军频频调将增兵，抢占战略要地。

　　是战还是退？第二十九军未接到南京政府命令，军长宋哲元又在山东乐陵，怎么办？此时，第二十九军上层军官中个别人以武器低劣为由在战与退之间犹豫、徘徊。佟麟阁此时下定决心抗战，于是他召集将校级军官到南苑开会。

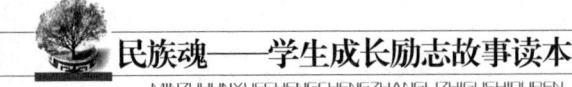
他在会上慷慨陈词:"日寇进犯,我军首当其冲。战死者光荣,偷生者耻辱;荣辱系于一人者轻,而系于国家民族者重。国家遭难,军人应马革裹尸,以死报国!"与会者听了这铮铮金石之言,无不动容。得到了大多数军官拥护和支持,他立即以军部名义向第二十九军官兵发布命令:"凡有日军进犯,坚决抵抗,誓与卢沟桥共存亡!"

坚守卢沟桥的部队接令,似呼啸飓风、如奔腾洪流的士兵们荷枪舞刀,怀揣手榴弹向敌群扑去……枪弹轰鸣、杀声阵阵,敢于向卢沟桥进犯的鬼子头颅在战士们的大刀下滚落,断臂掉膀者匍匐求饶,后续者不敢前进。

日军连续向卢沟桥、宛平城进攻。第二十九军守卫部队坚定不移地执行佟麟阁的命令:"誓与卢沟桥共存亡!"冒着敌人的炮火,顽强奋战。

宋哲元军长从山东赶回北平,新调任的日本驻屯军司令香月清司对宋哲元玩弄和谈、威吓的伎俩,发动汉奸向宋哲元施压。宋哲元举棋难定,决断难下。千钧一发之际,容不得丝毫懈怠与拖沓,面对犹豫不决的宋哲元,佟麟阁虽心急如焚,但不能发火。待气氛稍有缓和,佟麟阁对宋哲元说:"军长若有不便,请去保定、平津责之,佟某可也。万一变异而敌犯,我决心以死赴之,不敢负托。"宋哲元为佟麟阁抗战的拳拳之心、爱国的肺腑之言所感动,决心抗击日本侵略者。他们连夜作出战略部署后,宋哲元发布命令:驻任丘的赵登禹师进北平迎敌。

接令的赵登禹夜赴南苑,在营房里两位久经战场的军人互相拥抱、凝神注目。佟麟阁敦厚刚毅的脸庞消瘦了,双眼充满血丝。赵登禹深知老战友在宋军长不在北平的日子里承受了多么大的压力!他们相对而坐谈局势,赵登禹肯定地提出:"将有一场恶战!"佟麟阁完全同意老战友对战局发展的预测,坚定表示:"国运垂危,无论战局怎样,坚决抗战!""对,死拼到底!"赵登禹支持佟麟阁,共同抗日救国之心碰在一起,点燃了爱国卫民之熊熊烈火。

夜深了,虽然郁闷和燥热笼罩南苑,但是两位铁血刚强的军人还在运筹帷幄。

1937年7月28日晨,日军大举进攻。日军主力第二十师团在飞机、大炮和装甲车的配合下向南苑扑来，日军混成第四旅团切断了南苑和北平的联系。从山海关外关东军中抽调的混成旅团、来自朝鲜的日军一个师团、从日本本土派出的航空兵和三个步兵师团，向华北战场迅速推进，增援卢沟桥。此刻，佟麟阁麾下仅有驻南苑卫队、骑兵第九师留守处和军官教导团中近千名军训生，兵力不足两千。

如蚁的日兵潮水般向第二十九军营房涌来。佟麟阁对部下大声说："敌人找上门来了，和他们拼！捍国卫民是军人的天职，宁做战死鬼，不做亡国奴！"将士们冒着炮火冲向敌阵。枪射、刀劈，手榴弹在敌丛中开花，刺刀撩翻鬼子，肉搏制服亡命的兵卒。顿时日军横尸满目，敌阵被冲破，溃不成军的敌人只好暂时后退。

喘息一阵的敌军重组火力猛扑上来，串串炸弹从天而降，飞机趁着烟雾盘旋俯冲，疯狂扫射。浓烟笼罩南苑，黑雾包裹着中国军人。第二十九军南苑营房被笼罩在硝烟中。围墙被推倒，屋顶被掀翻，战士被气浪击伏于地，硝烟呛得他们透不过来气。有的战士被四射横飞的弹片击中而殉国牺牲，可是他们仍然枪在怀、弹在手，双眼仍怒视着敌人。尽管战争如此残忍和悲壮，但是装备低劣的战士们仍同仇敌忾，顽强坚守阵地。

佟麟阁看着被浓烟黑雾吞没的士兵，抚摸着为国捐躯的同胞，心在滴血。他强咽下血与泪，挥臂指向那为所欲为的敌机，用嘶哑的声音喊："打，用枪打，用枪打飞机！""哒哒……"隐蔽中的战士多角度瞄准敌机，射出愤怒的子弹；"啪啪……"持步枪的士兵们向那低空盘旋的敌机送去粒粒复仇的弹丸。突然，一架敌机在低空发疯似地摇晃，一股黑烟喷出，机身不停摆荡、翻滚，终于拖着长长的黑尾巴，歪歪斜斜栽下地来轰然爆炸，燃起一团火苗。第二十九军将士们击毁了敌机，阵地沸腾了，士气鼓舞了，佟麟阁严肃镇静的脸庞上露出了微笑。

飞机被中国军人击落，敌方疯狂肆虐的势头有所收敛，不敢低空盘旋扫射了。机群渐渐爬高升空，投弹偏离目标了，扫射面扩大了。佟麟阁抓住这战机，指挥手举大刀的将士们冲向敌群，迎战蜂拥而来的敌人。佟麟阁指挥的中国军队，又一次打退了日军的进攻。

　　过了一阵，一位士兵气喘吁吁地前来报告，说敌人向红门发起了进攻。佟麟阁意识到位于永定门和南苑之间、处于南苑北的大红门是南苑与北平的通路。若被日军占据，南苑即成孤地，坚守南苑的将士就会四面受敌，孤立无援。他当机立断，整理所部，留下据守南苑的部队，率军直奔大红门。

　　佟麟阁率领所部冒着敌人密集的炮火，从北面进击大红门。从黎明苦战到中午，他们带着满腔仇恨和满眼怒火，一路奋战。当他们进抵大红门时，日军伞兵徐徐落地，地面士兵步步靠拢，立足未稳，战斗部署未绪的佟麟阁等被日军包围。

　　通信设备被毁，联络中断的佟麟阁所部被日军切割，统一指挥失灵，部队各自为战，战斗力削弱。据此，佟麟阁命令所部统一组编。他大声呼喊："凡是军官站出来，由我统一指挥！"一呼百应，分散的各部很快组织成战斗序列迎击敌人。

　　士兵们见佟麟阁腿上血流如注，声嘶力竭地呼喊："副军长，我为你包扎。""我背你……"对日寇满腔仇恨与愤怒在脑际涌动的佟麟阁顾不上包扎，更不让士兵背。他满脸异常严峻地大声说："抗战事大，个人安危事小，弟兄们冲啊！"

　　子弹在头上呼啸，佟麟阁不低头；炮弹在身旁爆炸，佟麟阁不畏惧。他双眉紧拧，扬起被汗水和尘灰搅和涂抹的脸孔，那布满血丝的双眼透过重重硝烟直视着敌阵……他瞄准敌方火力薄弱点，挥臂招呼士兵们："冲——"说着，他飞步挥枪冲出去。士兵们见副军长如此身先士卒，不禁热泪纵横。他们受到佟麟阁的鼓舞与感染，斗志倍增，持枪挥刀如猛虎下山闯入敌群，白刃格斗，拼搏冲杀，横扫敌群，势不可当。

　　敌机号叫着，发疯似地狂轰滥炸，日兵源源冲来。佟麟阁以极大的毅力拖着淌血的伤腿，指挥部队阻击敌兵，射击敌机。正当佟麟阁指挥所部阻击敌兵时，一枚炸弹在他身边爆开，他魁梧的身躯倒下了——他用鲜血和生命尽了捍国卫民的天职！士兵们拥上来，抱住佟麟阁鲜血流淌、体温犹存的遗体，泪如泉涌，失声痛哭："副军长，我们为你报仇！坚持抗战！打倒日本鬼子！"

佟麟阁将军殉国后的第三天，国民政府发布褒扬令：追授佟麟阁为陆军上将。佟麟阁的忠骸秘厝北平雍和宫附近的柏林寺内，该寺方丈仰慕佟将军，严守寄柩秘密直至抗战胜利。

■心灵物语

坚守阵地，死不妥协。佟麟阁在国家危难之际，毅然以"我何惜此头"的大无畏精神，以死报国。作为一个在抗日战争中光荣牺牲的爱国将领，他为国捐躯，死而后已，值得我们后人景仰。

■史海钩沉

二十九军大刀队

抗日战争时期，喜峰口、罗文峪战役之惨烈，二十九军大刀队为保卫家国，前赴后继，流血牺牲，用古之神兵利器——大刀，向鬼子头上砍去的这一壮观场面，真可谓天地惊、鬼神泣，荡气回肠，感人至深。

"大刀向鬼子头上砍去"这句歌词就出自《大刀进行曲》。这首进行曲是麦新根据二十九军大刀队英勇杀敌的史实所作的。这首充满豪情的歌曲自抗日战争以来广为流传。1933年春，日寇进犯长城，国民革命军二十九军大刀队夜袭敌营，取得了九一八事变以来一场振奋国人的胜利。抗日猛将赵登禹的事迹广为人民称颂，他成了全国人民心目中的民族英雄。赵登禹大刀队因长城抗战而名扬海内。大刀队砍出了中国军队的威风，砍出了中华民族的骨气。

郝梦龄为国捐躯

郝梦龄（1898—1937年），字锡九，河北藁城县（今藁城区）庄合村人。从1921年起，郝梦龄在魏益三部任营长、团长。1926年跟随魏益三归属冯玉祥的国民军，任第四军第二十六旅旅长。在北伐战争中，他由于作战英勇，升任第四军第二师师长。1930年中原大战后，兼任郑州警备司令。后升为第九军副军长、军长等职。

1937年10月11日，著名的忻口保卫战开始了。指挥进攻忻口的日军指挥官是第五师团团长板垣征四郎。他集中日军全部精锐，以飞机、大炮、坦克等精良武器装备，组成"立体战争"的密集火力网，倾全力向我忻口阵地猛攻。

当时，首当其冲的是布防于中央地区的第九军。面对强敌，军长郝梦龄毫无惧色，亲临第一线指挥作战。在敌人的飞机、大炮轰炸时，他指挥部队躲入掩蔽部，待炮火一停，又马上冲上阵地，用步兵武器狠狠打击日军。

敌人志在必得，我军宁死不退，双方多次展开了白刃肉搏，近距离互掷手榴弹。战场上杀声震天，血肉横飞，战况之惨烈，实为抗战中之罕见。敌我双方均损失惨重，阵地前布满了敌人的尸体。

10月12日，南怀化主阵地被日军攻破，敌我双方步、炮兵主力在忻口西北、南怀化东北的204高地上，展开了激烈的拉锯战，一昼夜竟易手十三次之多。第九军在夺回被敌人占领的高地时，有的团只剩下一个营的兵力。三二二团在经过反复冲杀后只有百余人了。郝梦龄在阵地上对他们说："先前我们一团人守这个阵地，现在只剩下一连人还是守这个阵地，就算剩下一个人，也要守这个阵地。我们一天不死，抗日的责任一天就不算完。出发之前，我已在家中写下遗嘱，打不败日军决不生还。现在我同你们一起坚守这块阵地，决不先退。我若是先退，你们不管是谁，都可以枪毙我！你们不管是谁，只要后退一步，我立即枪毙。"他又大声问了一句："你们大家敢陪我在此坚守阵地吗？"所有官兵齐声回答："誓死坚守阵地！"

次日晨5时，郝将军命令所部开始向南怀化、新陈庄出击。三二二团在前，晋军在后，限三小时攻下。后因为伤亡过重，两翼未动，还是停留在原阵地上。他在《阵中日记》中写道："连日昼夜炮战甚烈，五日来，已伤团长一员，营长五员，连长二十员，士兵数百名。""今日督战，李仙州师长负伤，戴慕真团长负伤，官员受伤过多。往日见伤兵多爱惜，此次专为国牺牲，乃应当之事。"郝梦龄视死如归的爱国之情跃然纸上。

10月15日夜，总司令卫立煌增派七个旅交郝梦龄军长指挥，由正面袭击，左右两侧同时出击策应，以期夹击敌人。

16日凌晨，我反攻大军分数路扑向日军阵地。枪炮声如雷，喊杀声震天，担任反攻指挥任务的郝梦龄和五十四师师长刘家骐将军亲自到前线督战，连克敌人几个山头。到了早晨5点，天已微明。郝梦龄恐怕天明后我军阵地受敌炮火威胁，不能巩固，不如乘胜追击，迅速歼灭残敌。于是挥兵奋进，敌军混乱，以机枪、手榴弹掩护后退。

这时，郝、刘二将军已快到散兵线之前，距离敌人只有200米。在通过一段隘路时，郝梦龄被敌人的机枪子弹打中，倒下后仍力呼所部杀敌报国，而后壮烈牺牲。刘家骐也在此次战役中为国捐躯了。

1937年10月24日，郝梦龄的灵柩由山西运到武汉。武汉各界举行公祭，之后以国葬仪式安葬于武昌卓刀泉。为纪念郝梦龄的功勋，汉口

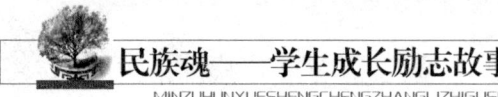

北小路改名为郝梦龄路。1938年3月12日，在延安召开的追悼抗敌阵亡将士大会上，中国共产党高度评价了郝梦龄将军抗日殉国的精神。

心灵物语

"醉卧沙场君莫笑，古来征战几人回。"郝梦玲以其爱国主义精神的觉悟，为国捐躯，我们在感慨郝梦玲以身殉国的精神的同时，也该反省自己：当国家需要我们的时候，我们是否也能像郝梦玲那样，赴汤蹈火，在所不辞？

史海钩沉

郝梦龄将军二三事

郝梦龄将军为人正直，处世严谨，身为国民党高级将领，却没有吸烟、酗酒、赌博、嫖妓等恶习。他喜好读书，家中购有大量的古籍珍本，其中有半堵墙高的二十四史，有各种军事兵法，有影印的藏经碑铭，有《康熙字典》《辞源》等工具书籍。他常以历史上的英雄人物如岳飞、文天祥、史可法等鞭策自己并教育部下及其子女。他尤其喜爱、推崇文天祥的两首诗《正气歌》《过零丁洋》，这些都为郝将军的壮举打下坚实的基础。

郝梦龄治军非常严明，他在军队中不任用亲属，把受的赏赐分给部下。他还十分强调军队与民众的关系，对于违纪犯民行为决不宽纵。部队在乡间宿营，决不轻易打扰百姓，常以草秸雨天宿营，并一定将借得的草秸等物送还百姓。他强调喝了水，还满缸，扫好地，再出门，以看不出军队宿营的痕迹为标准。他曾在一治兵语录上摘录军歌一首，印发全军背诵及歌唱。歌词是："三军个个听仔细，行军需要爱百姓，挑水莫挑有鱼塘，莫向人家打门板……"有了如此严明的军纪，部队中涌现出许多壮烈殉国的英烈就不足为奇了。

 # 少年铁血义勇军

　　苗可秀（1906—1935年），原名苗克秀，曾用名苗景墨，字而农。1906年出生于辽宁本溪县下马塘苗家堡子。1926年进入东北大学文学系预科，1928年升入本科。读书期间，苗可秀就有着强烈的爱国意识。大学毕业后，苗可秀谢绝了老师、同学的挽留，毅然返回家乡，踏上抗日征程，担任东北民众自卫军总参议，协助邓铁梅工作。1934年2月苗可秀与赵同等人组建"中国少年铁血军"，并被推举为铁血军总司令。1935年6月12日深夜，苗可秀在战斗中受伤，21日不幸落入敌人魔掌。7月25日，为国捐躯，年仅29岁。

　　20世纪30年代，在安奉路（今沈丹线）以西，南满路（今长大线）沈阳至大连段以东，两条铁路中间形成一个长三角形的地区，人们习惯地将之称为"三角地带"。

　　1931年九一八事变后，三角地带曾活跃着众多的抗日武装，进行着如火如荼的抗日斗争。为此人们又称之为"三角抗区"。

　　在三角抗区众多的抗日队伍中，建立最早、声势最壮的当属邓铁梅领导的东北民众自卫军；而坚持时间最长、影响最大的则是苗可秀组建的中国少年铁血军。

　　中国少年铁血军的建立也有一段较长的曲折过程。它的前身可以追溯到1932年春在岫岩成立的学生团和抗日救国会。

　　1932年7月，东北大学毕业生苗可秀来到邓部任总参议，辅佐邓铁梅参赞军务。在经过反招抚和反讨伐等一系列斗争后，到1933年初，三角抗区的抗日武装屡屡受挫。此时，苗可秀对三角抗区的斗争形势进行了冷静的分析和认真的思考。鉴于各路义勇军瓦解失败的教训、对蒋介石政府不抵抗政策的憎恨，和对义勇军抗战前途的担忧，他萌生了另谋抗日之策，再创抗日新军的想法。为避敌之大力摧毁，实现其"复兴东北，再造中国"的宏图夙愿，他对义勇军的组织形式进行了大胆改造，力图创建一支"更坚固有力，足以持久的秘密团体"支持公开的义勇军。

1933年3月中旬，苗可秀与岫岩学生团和抗日救国会的赵同、赵伟、刘壮飞、白君实等人在岫岩红旗沟聚会，商定将先前成立的岫岩学生团改为青年劲斗团，将岫岩抗日救国会改为抗日同盟会。青年劲斗团为组织纪律严格化的秘密组织，抗日同盟会则为群众性的抗日组织。在这两个组织之下，成立武装别动队，由苗可秀从邓部学生队中拨出一个分队共20人，交刘壮飞、白君实领导，对外仍用邓部番号。

1934年初，东北民众自卫军开始分散行动。2月1日，苗可秀等人又将劲斗团改为少年铁血团，将抗日同盟会改为同心会，别动队自成体系组成少年铁血军。从而形成少年铁血团、同心会、铁血军三位一体的新的抗日组织。

少年铁血团是一个秘密的政治组织，其宗旨是：用黑铁赤血之精神，采全民革命之手段，复兴东北，再造中国，力求中国国家社会的独立与平等。

少年铁血军是少年团在军事上的组织，是公开的武装，其口号是："爱护老百姓；联合警备军（指伪军）；团结义勇军；打倒日本人。"

同心会系秘密结社式组织，其目的在于扩大和巩固抗日阵线。

这三位一体的抗日组织从体系上来看，也是高度集中的。苗可秀为铁血团总裁、铁血军总司令、同心会会长。

1934年9月，邓铁梅牺牲后，苗可秀痛定思痛，决意支撑三角抗区的抗日局面。他先处决了出卖邓铁梅的叛徒，后又对外公开了少年铁血军的番号。此后，少年铁血军在三角抗区驰骋纵横，奋勇杀敌。

1935年7月25日，苗可秀不幸牺牲后，由铁血军参谋长赵同接任总司令之职。为团结各路义勇军统一行动，避免被敌各个击破，1935年11月，由铁血军赵同、白君实发出请柬，邀集三角抗区几位义勇军领导人到凤城西北葛藤峪开会，共商统一组织、继续抗日之大计。会议决定，统一义勇军，凡参加会议的各路义勇军一律以少年铁血军为军号，设立总司令部，下设四路。赵同为总司令，阎生堂、赵庆吉、白君实、曹国仕分任四路指挥。葛藤峪会议后，少年铁血军高举抗日大旗，使三角抗区几近沉寂的抗日烽火再度燃起。

1936年3月下旬，赵同入关，白君实、阎生堂、赵庆吉等人成了铁血军新的领导核心。随着日伪当局不断武力进攻和残酷的集家并屯，铁血军处境日益艰难。加之领导成员相继牺牲，部队大量减员，铁血军不得不化整为零，分散行动。

1937年以后，三角抗区的义勇军损失殆尽，只有白君实带领余部利用地洞坚持斗争。1939年1月，少年铁血军最后一任总司令白君实被捕牺牲。

少年铁血军从建立到解体，在整整七年的时间里，数以千计的英雄儿女以"黑铁赤血"精神，在枪林弹雨中前赴后继坚持抗日，成为三角抗区坚持斗争时间最长的一支抗日义勇军。

▢心灵物语

苗可秀和他的战友们已长眠地下，而他的爱国主义精神像松柏一样万古长青。他的光辉事迹激励、鼓舞着一批批热血青年走上抗日的战场。爱国人士黄炎培先生就曾经携带苗可秀遗书手稿的影印本到南方宣传抗日，号召大家做一个像苗可秀那样的人。

▢史海钩沉

九一八事变

1931年9月18日，日本制造"柳条湖事件"，发动了对中国东北的战争。

当晚10时许，日本关东军岛本大队、川岛中队、河本末守中尉率部下数人，在沈阳北大营南约800米的柳条湖附近，将南满铁路一段路轨炸毁，称是中国军队破坏铁路。日军独立守备队第二大队即向中国东北军驻地北大营发动进攻。次日晨4时许，日军独立守备队第五大队从铁岭到达北大营加入战斗。5时半，东北军第七旅退到沈阳东山嘴子，日军占领北大营。战斗中东北军伤亡300余人，日军伤亡24人。这就是震惊中外的九一八事变。

这次事件爆发后的几年时间内，东北三省全部被日本关东军占领，因此被中国民众视为国耻。直至今日，9月18日在中国许多非正式场合都被称为"国耻日"。

■文苑荟萃

《义勇军进行曲》的由来

九一八事变后，在上海的诗人田汉愤于民族危难，为影片《风云儿女》拟写了一首长诗，其中最后一段诗稿后来就成为影片主题歌《义勇军进行曲》的歌词。由于田汉当时正面临国民党反动当局的迫害，身处险境，他是躲在临时租用的一个小旅馆的房间里写作的。仓促中他把歌词写在了一张香烟盒的锡箔衬纸上，还没来得及抄写整理，就被逮捕入狱。

田汉被捕后，剧本转给了夏衍。夏衍把歌词交给青年音乐家聂耳。聂耳赶写出了《义勇军进行曲》的曲谱初稿。但因受到反动当局迫害，他不得不离开祖国。1935年4月，聂耳将曲谱定稿从日本寄回上海。三个月后，聂耳因游泳失事，《义勇军进行曲》的曲子遂成为聂耳的绝唱。

1935年7月，电影《风云儿女》拍成，在上海首映。《义勇军进行曲》在观众中引起强烈反响，成为民族革命的号角，响彻祖国长城内外和大江南北。1940年，美国黑人歌唱家保罗·罗伯逊演唱和灌制了《义勇军进行曲》唱片，推动了此曲在全世界的传播，使之成为世界反法西斯战争的一支嘹亮的战歌。

 # 中国远征军的英雄们

戴安澜（1904—1942年），又名戴炳阳，原名衍功，自号海鸥。安徽无为练溪乡旗杆戴村人。戴安澜是黄埔系骨干将领，著名民族英雄，抗日名将。七七事变爆发后，戴安澜升任第七十三旅旅长，先后参加了保定、漕河、台儿庄、中条山战役。1938年，在台儿庄对日作战中，因战功晋升为第八十九师副师长，参加武汉会战。1939年1月，升任中国第一支机械化部队——第五军二〇〇师师长。12月奉命参加桂南昆仑关战役，苦战一月，毙敌6000人，击毙日军前线指挥官第五师团第十二旅团中村正雄少将，写下了抗战史上辉煌的一页。

在中华民族抗战中，戴安澜将军率中国远征军入缅作战，以身殉国，堪称"域外死忠第一人"。

太平洋战争爆发后，应美国和英国的一再请求，1942年初，中国组建了中国远征军开赴缅甸抗日。戴安澜奉命率二〇〇师作为中国远征军的先头部队赴缅参战，"扬威国外，藉伸正义"。

当时东瓜（也称同古）是阻止日军北侵的重镇。3月20日，日军向驻守东瓜的第二〇〇师各主要阵地发起了进攻。面对数倍于己的日军，戴安澜表达了决一死战的坚定信念，于当日晚召集全师营以上军官开会，带头立下了"誓与同古共存亡"的遗书。他说："此次远征，系唐明以来扬威国外的盛举，虽战至一兵一卒，也必死守东瓜。"并宣布了如下命令："如本师长战死，以副师长代之；副师长战死，以参谋长代之；参谋长战死，由步兵指挥官替代，各级照此办理。"

在十多天激烈的东瓜保卫战中，戴安澜率部奋战，以少胜多，击毙敌军5000余人，取得了出国参战的首次胜利。美国政府认为，东瓜保卫战是"所有缅甸保卫战所坚持的最长的防卫行动，并为该师和他的指挥官赢得了巨大的荣誉"。蒋介石对此的赞誉是："中国军队的黄浦精神战胜了日军的武士道精神。"英国的《泰晤士报》称之："东瓜之命运如何，姑且不论。但被围守军，以寡敌众与其英勇作战之经过，实使中国军队光荣簿中增一新页。连日寇也不得不承认，冬瓜之战是缅战中最艰苦的战斗之一。"

4月21日，戴安澜奉命收复棠吉。24日拂晓，戴安澜率军发起攻击，先后攻占西、南、北三面高地，并突入市区与敌人展开激烈的巷战，将军亲临前线指挥。战斗至午夜，棠吉被攻克，捷报传来，举国上下无不欢欣鼓舞。然而，由于大批日寇由泰国、老挝边境窜入中国军队后方进行围攻，戴安澜所部陷入日军重围，形势危急，上级急令其突围回国。戴将军率部突围，退入泰、缅老边区原始森林地带，条件异常艰苦。将士们无衣无食，每天只能以野草、杂菜充饥，爬山越岭七十余日。

1942年5月16日，大雨滂沱，戴部突遭日军重兵伏击。激战两天后，全师伤亡惨重。戴将军在一个小平山坡上指挥夺取敌军阵地时，不幸被敌军枪弹击中肺部，血流如注。由于无医无药，伤口发炎溃烂。5月26日，第二○○师进军至茅邦时，戴将军流尽最后一滴血，以身殉国，年仅37岁。

由于当时缅境无木棺，将军马革裹尸回国。途经保山、昆明、贵阳、柳州等地，至广西全州，将遗体安放于湘山寺内，沿途民众无不怆然泪下，隆重奠祭戴将军。

1943年4月1日，国民政府在广西全州的香山寺为戴安澜举行了国葬仪式。国共两党的领导人纷纷送来挽诗、挽联和花圈，对戴安澜的以身殉国给予极高的评价。

■心灵物语

"誓与同古共存亡"，这是怎样的一种气魄啊！戴安澜将军凭着一颗炽热的爱国之心，浑身是胆，血战疆场。正所谓"捐躯赴国难，视死忽如归"。

■史海钩沉

中国远征军的组建

第二次世界大战爆发后，英国陷于欧洲战场无力他顾。对于英国的战略方针而言，在远东地区首要之务就是保卫输出最多资源的殖民地印度，并将其余殖民地视为保卫印度的战略纵深；但是对于中华民国而言，缅甸为争取国外援助的最后生命线。如果滇缅公路不保，外援即无法轻易进入中国，与日本的作战也将陷入补给不足之劣势。因此中华民国方面极力争取与英国间的军事同盟以保障作战资本。

为此，1941年春，英国邀请中国军事考察团赴缅甸、印度、马来亚考察。几经协商，在同年的12月23日签订了《中英共同防御滇缅路协定》，成立中英军事同盟。中国远征军就是根据中英军事同盟而组织的。

■文苑荟萃

戴安澜烈士墓

为纪念戴安澜将军，安徽省芜湖市人民政府于1979年重新整修了墓地，并竖立了石碑。左碑铭刻毛泽东、周恩来、朱德、彭德怀、邓颖超等先辈当年题赠的挽诗、挽词、挽联；右碑是将军生平简历；中碑是王昆仑所题"戴安澜烈士墓"。墓区林木茂盛，松柏常青，瞻仰的人们终年不绝。

撼不倒的岳家军

岳飞（1103—1142年），字鹏举，河北西路相州汤阴县（今河南省安阳市汤阴县）人，著名军事家、民族英雄、抗金名将，南宋中兴四将（岳飞、韩世忠、张俊、刘光世）之一。

岳飞从小在母亲的教导下，熟读《孙子兵法》《左传》等书，并且练就了一身好武艺。岳母为了让他爱国尽忠，在他背上刺了"精忠报国"四字，培养他的爱国之心。

岳飞率军独当一面时，先后收编了太行山一带河东忠义军首领赵云、梁兴所部数百人，山东壮士李宝所部千余人，洞庭湖农民起义军六万，农民武装张用及其妻"一丈青"所部五万（遣散老弱四万），收编了曾杀死岳飞弟弟岳翻的杨再兴。再加上岳飞所率官军，其将领有儿子岳云，部将牛皋、张宪、徐庆、赵秉渊等。这支成分复杂的部队号称"岳家军"。

岳飞对所部的要求是守法、勇敢、廉洁。他常说："文官不爱钱，武官不怕死，天下定矣。"平时军训，都与实战要求一样。岳飞跟将士们生活在一起，穿衣、吃饭没有什么特殊，还经常替患病的将士调配汤药。凡是朝廷有赏赐，他都全部分给士兵。岳家军有一条硬纪律："冻死不拆屋，饿死不掳掠。"所以每到一地总是受到百姓的欢迎。

岳飞的儿子岳云，每次打仗都冲锋在前，"数立奇功"，但是岳飞从

不把他的功劳上报，朝廷知道岳云战功累累，有一次要将他连升三级，岳飞说："战士们冒死立奇功，才升一级。我的儿子越级提拔，何以服众？"坚决不肯接受。

岳飞有一个信条："正己然后可以正物，自治然后可以治人。"

岳飞在对人对己、待人接物等方面表现出高风亮节，所以深受将士爱戴，打仗时冲锋陷阵，不避刀斧。岳家军也就有了常胜不败的资本。

但是，岳飞所要完成的"还我山河"的宏图大愿，是和以宋高宗赵构、宰相秦桧等投降派的苟安主张相矛盾的。当金兵越过长江南下，逼得赵构走投无路时，他便支持一下抗战。当形势稍有缓和时，这伙人又在做着求和苟安的美梦。面对这伙"怒其不争"的人物，岳飞写下了壮志难酬的《满江红》。

1139年，高宗、秦桧与金议和，岳飞上书反对。1140年，兀术进兵河南，岳飞出兵反击，收复郑州、洛阳等地，在郾城大败金军，两河义军纷起响应。

就在1140年岳飞大举北伐，先后收复了蔡州、颖昌、淮宁、郑州、洛阳，并在郾城会战中大败金兵，准备"直抵黄龙府，与诸君痛饮耳"之际，就在金兵惊呼"撼山易，撼岳家军难"之时，宋高宗赵构却从那个"山外青山楼外楼，西湖歌舞几时休！暖风熏得游人醉，直把杭州撼汴州"的地方连发十二道金牌，令岳飞班师回朝。

岳飞面对撤兵令，仰天长叹："十年之功，废于一旦！"岳飞南归后，已经收复的故土又尽落金人之手。

1142年1月27日，抗金民族英雄岳飞及岳云、张宪等被投降派以"莫须有"的罪名杀害于杭州风波亭。

■心灵物语

岳飞抗金的故事已是家喻户晓。精忠报国的"岳飞精神"是一面爱国主义的不倒旗帜。继承和弘扬岳飞的爱国主义思想，是我们义不容辞的责任。

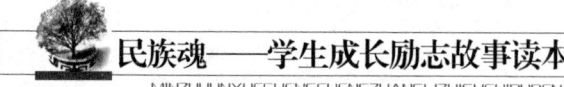
■史海钩沉

郾城大捷

宋高宗绍兴十年（1140年），金朝撕毁和约，再次以金兀术为统帅，兵分四路大举进犯。岳飞奉命坐镇郾城，指挥抗金。

在战斗最激烈的时刻，岳飞亲率四十名骑兵突出阵前，都训练霍坚急忙上前挽住战马，说："相公为国重臣，安危所系，奈何轻敌。"岳飞用马鞭抽在霍坚的手上说"非尔所知"。岳飞跃马驰突于敌阵之前，左右开弓，箭无虚发，全军士气大振。连担任参谋的文官幕僚都参加战斗，并立有战功。

在相持胶着后，金军将最精锐的重甲"铁浮图"骑兵投入战斗，皆重铠，贯以韦索，三人为联，号"拐子马"，官军不能当。是役也，以万五千骑来，岳飞即令手持大斧、大刀的步兵上阵，专砍马腿，近身肉搏，"手拽厮劈"，岳飞告诫步卒以麻札刀入阵，勿仰视，第剁马足。拐子马相连，一马仆，二马不能行，官军奋击，遂大败之。杀得金军尸横遍野，溃退而去。兀术大恸曰："自海上起兵，皆以此胜，今已矣！"

■文苑荟萃

满江红

岳 飞

怒发冲冠，凭栏处，潇潇雨歇。抬望眼，仰天长啸，壮怀激烈。三十功名尘与土，八千里路云和月。莫等闲，白了少年头，空悲切。

靖康耻，犹未雪；臣子恨，何时灭？驾长车，踏破贺兰山缺。壮志饥餐胡虏肉，笑谈渴饮匈奴血。待从头，收拾旧山河，朝天阙。

 # 聂士成及其英勇的部将

> 聂士成（1836—1900 年），字功亭，安徽合肥人，清朝将领。生于清道光年间，武童出身，初随袁甲三攻打捻军。1862 年改入淮军，任把总，镇压太平军、捻军等活动，并升任总兵。1884 年，法军侵占台湾基隆，他率师渡海，屡挫入侵法军。后授太原总兵。在天津保卫战与八国联军的战斗中，为国捐躯。

1883 年，中法战争爆发，转年聂士成奉命率兵千余人驻守台湾。法国侵略军在进攻安南时未能得手，海军舰队改攻台湾。战舰的重炮一阵猛轰，竟然不见还击，他们以为这一带并无守军，陆战队立即挺胸腆肚，长驱直入。其实，聂士成部署了他的兵勇埋伏在大炮射程以外的地方，用引蛇出洞的兵法，等洋兵走近了再跃起拼杀。由于法军战舰炮火掩护不上，陆战队兵力有限，聂士成守住宝岛台湾，打了个大胜仗。

1894 年，日本以代朝鲜平乱为名，要求清王朝同时出兵。然而朝鲜乱事平息后，日军却赖着不走，强占汉城并逼朝鲜王室与中国断交，中日甲午战争爆发。本是赴朝平乱的聂士成队伍成为抵抗日军的最前锋。聂士成带兵在牙山与日军激战，勇猛顽强，半个月中连续击退日军的进攻。但主帅叶志超是"恐洋症"患者，不敢增援，使聂士成所部孤军苦战，终于胜仗变成败仗，退了下来。

当日军乘胜进击，跨过鸭绿江时，聂士成率所部扼守辽东大高岭一带，又使日军多次进攻多次败退。他又反守为攻连连出击，在夜袭中击毙日军

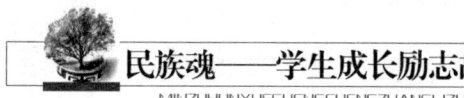
中将富刚三造，爆出屡战屡败中的最大冷门。很快，他被提升为直隶提督。但最后的结局还是在增援队伍没来、孤军苦战中胜仗变成败仗，退了下来。

1900年，八国联军入侵京津两地。聂士成临危受命守卫天津，当时他仅有10营兵力，天津如此之大，坚守之处如此之多，只好"三分其军"，留小部分兵守芦台大本营，派一部分兵守京津铁路，大部分兵由他带进海河西岸，再次兵分三路。当时天津机器制造局东局是中国最大的军火工业基地，必须重点保护。他以两营兵力拦起一道防线，仍按他守台湾克敌的路数，当洋兵在炮火掩护下攻了上来，先是"潜伏不动，使其将近，再用排炮轰。击退复来，如是数次，击毙洋兵多名"。但打来打去，又是在孤军无援下胜仗变成败仗，两营兵勇全部牺牲！整个工厂全部被毁，所有工人同归于尽！

最为惨烈的一幕是他也两腿挂花，但仍强立桥头，用刀在桥头画出一道横线，发出他一生中的最后一道作战命令，所有兵勇只准拼死在横线以前，不准死在横线以后。命令刚刚说过，敌军枪弹已纷纷扑来。"一弹由口穿入""又一弹洞穿太阳穴""最后一弹伤胸膛始倒地"。聂士成死得英勇，他的所有士兵随后也全部阵亡，而且全都倒在横线以外，绝无一人后退半步。

■心灵物语

聂士成指挥的天津保卫战对敌人的打击是沉重的，就连敌军都承认："自与中国交兵以来，从未遇此勇悍之军。""华人此次甚勇敢，为从来所未见。"

"此吾致命之所也，逾此一步非丈夫矣！"聂士成及其所部英勇作战，威武不屈，为清军所称颂，为联军所畏服！

■史海钩沉

火烧圆明园

1857年，英国借口"亚罗号"事件，法国借口"马神甫事件"，联合出兵侵略中国。在侵占广州后，继续进犯北京。咸丰皇帝吓破了胆，派六弟恭亲王奕䜣为钦差大臣，留守北京，主持和议，自己带着后妃、皇子、亲王和一批大臣慌忙逃往热河行宫（今河北承德避暑山庄）。

10月5日，英法联军兵临北京城下。根据俄国外交官伊格纳提耶夫提供的情报：清朝守军集中在东城，北城是最薄弱的地方，应先攻取；并说中国清朝皇帝正在西北郊的圆明园。于是，英法联军绕抄安定门、德胜门，进犯圆明园。10月6日，英法联军闯进圆明园，并进行了疯狂的抢劫行为。

清咸丰十年（1860年）英法联军攻占北京后，于10月6日占据圆明园。中国守军因弱小寡不敌众，圆明园总管大臣文丰投福海自尽，住在园内的常嫔受惊身亡。英法军队洗劫两天后，向城内开进。

10月11日，英军派出1200余名骑兵和一个步兵团再次洗劫圆明园。英国全权代表詹姆士·布鲁斯以清政府曾将巴夏礼等囚于圆明园为借口，将焚毁圆明园列入议和先决条件。10月18日，3500名英军冲入圆明园，纵火焚烧圆明园。大火三日不灭，圆明园及附近的清漪园、静明园、静宜园、畅春园及海淀镇等均被烧成一片废墟。安佑宫中，近300名太监、宫女、工匠等也葬身火海。"火烧圆明园"成为世界文明史上罕见的暴行之一。

□文苑荟萃

聂士成殉难纪念碑

1905年，清政府在现在天津河西区紫金山路与津盐公路交叉口聂士成殉国处立碑纪念，谥号"忠节"。花岗石砌筑基座，上置碑心，高2.4米。碑正面刻有"聂忠节公殉难处"，两侧立柱上刻有"勇烈贯长虹，想当年马革裹尸，一片丹心忍作怒涛飞海上；精诚留碧血，看今日虫沙历劫，三军白骨悲歌乐府战城南"，横批为"生气凛然"。1984年复立时，碑文仅留"聂忠节公殉难处"七字。

三元里英勇抗英

奕山（1790—1878年），清朝皇室，多罗恂勤郡王胤祯（胤禵）玄孙。始授乾清门侍卫，1827年，随征新疆喀什噶尔有功，于1831年补伊犁领队大臣。1836年始，主持新疆巴尔楚克屯垦事业，开田十六万余亩，1838年因功授伊犁将军。第一次鸦片战争时任靖逆将军，赴广州督师。不听林则徐建议，在广州被围时向英军求和。英军进攻福建、浙江，又不出兵应援。战后被革职。后在任黑龙江将军时，与沙俄签订《中俄瑷珲条约》。

三元里位于广州城北，离城约五里。三元里抗英斗争是指第一次鸦片战争时期，广州人民自发组织的武装抗英斗争。

1841年5月，广州战役开始后，英军的暴行，清朝的投降丑态，早已激起三元里一带人民的义愤。5月26日，即奕山与英军订立《广州和约》的前一天，广州城北各乡义勇首领齐集牛栏冈，议定联防抗英，相约"一乡锣响，众乡皆出"。29日，一小股英军窜到三元里一带骚扰，菜农韦绍光等当场打死几名英军。为了迎击英军的报复，三元里人民在村北北帝庙集会，并用神座前面的一面三星黑旗作指挥，约定"旗进人进，旗退人退"。

三元里附近103个乡镇人民闻讯后"义愤同赴"。这支队伍中有贫苦农民，有丝织、打石和烧炭工人，有渔民，有秘密会党成员，也有爱国士绅。他们利用"社学"组成一支反侵略的武装力量。30日晨，几千义勇军逼近英军司令部所在地四方炮台。英军司令卧乌古率2000人迎战，义勇军按计划后退，诱敌深入至牛栏冈，然后将英军团团围住，截断归路，展开肉搏。

经过一天激战，打死英军少校毕霞等多人，生俘十余人，英军余众逃回四方炮台。义勇军跟踪追击，将四方炮台层层包围。31日，番禺、南海、花县、增城、从化等县400余乡义勇军也闻讯赶来。"老弱馈食，丁壮赴战"，"不呼而集者数万人"。

面对武装的群众，侵略军无法冲出重围。英国全权代表义律只得向广东官吏告急，并威胁说："再有义勇相扰，则将打破议和，大举进攻。"

靖逆将军奕山大骇，急令广州知府余保纯等出城，"步向三元里绅民揖劝，代夷乞求"，由于"士绅潜避"，斗争被破坏，英军才得以逃命。6月7日，义律竟恬不知耻地出告示要中国人民"后毋再犯"。广州人民针锋相对地出告示反驳，并庄严宣告："不用官兵，不用国帑，自己出力"，即可杀尽侵略者。

■心灵物语

广州三元里人民的抗英斗争，彰显了中国人民不甘屈服，敢于同任何侵略者进行英勇斗争的英雄气概。

■史海钩沉

签订《广州和约》

《广州和约》是第一次鸦片战争中的一项休战协定。

1841年（道光二十一年）5月下旬，清靖逆将军奕山在广州与英军作战失利，被迫向英军求降。27日双方缔结这项和约，奕山不敢如实向朝廷奏报这项和约，谎称英国人"向城作礼，乞还商欠"，结果得到道光帝"准令通商"的批谕。但英国在勒索到巨款后，旋即撕毁和约，再次扩大侵略战争。

三元里人民抗英纪念馆

三元里人民抗英斗争纪念馆是全国重点文物保护单位，位于广园西路三元里村北面。原为三元里村民供奉北帝的三元古庙，建于清初。三元古庙建筑面积446平方米，二进面阔三间砖木结构建筑。馆内陈列三元里抗英的文物史料，系统地介绍三元里人民抗英斗争的史实，有三星旗、缴获的英军军服、大刀长矛、伍紫垣印章等文物与资料。

第四篇

保家卫国英雄辈出

班超报国投笔从戎

> 班超（32—102年），字仲升，是东汉著名的军事家和外交家。著名史学家班彪的幼子。班超为人有大志，不修细节，但内心孝敬恭谨，审察事理。他曾出使西域，为平定西域、促进民族融合作出了巨大贡献。

自从张骞出使西域以后，西域的一些主要国家和汉朝建立了友好关系。西汉末年，西域有50多个国家，其中绝大部分跟汉朝都有来往。王莽当政和西汉末年农民战争时，西域诸国又与汉朝断绝了关系，服从了匈奴。

东汉建立以后，西域诸国听说中原的局势已经平定，都想跟汉朝恢复关系。汉光武帝建武二十一年（45年），车师、鄯善、焉耆等十几个西域国家的国王，都把自己的儿子送到洛阳来作人质，表示愿意做汉朝的藩属，请求汉朝设置西域都护保护他们。汉光武帝觉得自己的政权刚刚才稳定下来，腾不出力量去管西域方面的事，便拒绝了他们的请求。

汉明帝即位以后，北匈奴出兵骚扰汉朝，汉明帝于永平十六年（73年）派大将军窦固带兵去讨伐匈奴。窦固重用青年将领班超，取得了很大的胜利。

班超出生在一个没落中的地主家庭。父亲班彪，哥哥班固，妹妹班昭，都是历史学家。班超从小就有远大的志向。他爱好劳动，有口才，读了很多书，但是不喜欢深刻钻研，总想在军事方面能为国家作些贡献。

永平五年（62年），班超的哥哥班固被汉明帝召去做校书郎，班超和他母亲也一起跟着到了洛阳。因为家里贫穷，班超只好到衙门里去帮公家抄写公文信件，挣点钱来贴补家用。可是班超不甘心自己的一辈子就这样庸庸碌碌地度过，他想为国家驰骋疆场，建立战功。有一天，他抄完了一件公文后突然把笔投向砚台边上，叹口气说："男子汉大丈夫，没有别的志向，应当效法西汉傅介子那样杀敌报国，学习张骞那样立功异域，争取封侯才对。怎么能够老是在笔砚之间讨生活呢？"旁边的人听班超这么说，心想：这个穷小子，饭还吃不饱，志向倒不小哩。他们斜着眼看看班超，发出了一阵冷笑。班超不禁长叹一声，自言自语地说："唉！小人怎么能够知道壮士的远大志向呢！"

永平十六年（73年），班超投笔从戎的机会终于来到了。他投到大将军窦固门下，跟着窦固出兵去攻打匈奴。班超作战勇敢，多次打了胜仗。有一次，窦固叫班超率领一支军队去进攻伊吾卢（今新疆维吾尔自治区哈密市）。班超打败了匈奴的军队，占领了伊吾卢，把匈奴军队一直驱赶到蒲类海（今新疆巴里坤湖）。窦固觉得班超很能干，便报请汉明帝批准，任命班超为假司马（即代理司马），并派他和从事郭恂一起，带着36名军士出使西域，联络西域诸国，巩固对匈奴的胜利。从此，继西汉张骞之后，再次打通西域的任务就由班超承担起来了。

█ 心灵物语

"投笔从戎"的气概是真正的大丈夫所为。班超是基于一种信念，一种责任感，更是以一种爱国的情操去投身保卫祖国边疆的事业当中。班超这种执着的爱国情结，值得处于当今社会的我们去深思。

■史海钩沉

班超出使西域

永平十六年（73年），奉车都尉窦固出兵攻打匈奴，班超随从北征。窦固很赏识他的军事才干，派他和从事郭恂一起出使西域。经过短暂而认真的准备之后，班超就和郭恂率领三十六名部下向西域进发，完成了出使西域的使命。

班超出使西域，使丝绸之路再度开放，并最终帮助汉朝完成了统一西域的宏伟大业。

■文苑荟萃

班氏三父子

班彪、班固、班超是班氏三父子。他们建功立业，青史载殊勋，中华儿女铭记于心。

班彪，字叔皮，东汉史学家。东汉初任徐令，因病免官。他专力从事史学，以《史记》所记史实止于汉武帝太初年间，乃收集史料，作《后传》六十余篇，为其子班固修《汉书》奠定了基础。班彪写赋、论、书、记、奏，也颇有成就，功名传千秋。

班固，字孟坚，东汉史学家和文学家。初继续完成其父所著《史记后传》，后私撰汉史。汉明帝阅其稿，赞许有加，授予典校秘书。奉诏完成其父所著，历20余年，修成《汉书》，使之成为我国历史上第一部断代史，在史学上有很高的文学价值。班固善作赋，其所著的《两都赋》，文辞渊雅，脍炙人口，古今传诵。

 # 祖逖为国收复失地

> 　　祖逖（266—321年），字士雅，河北范阳遒县（今河北涞水县）人，东晋名将，民族英雄。著名的"闻鸡起舞"就是他和刘琨的故事。东晋初有志于恢复中原而致力北伐的大将，后因朝廷内乱，北伐半途而废。

　　祖逖年轻的时候就怀有雄心壮志，喜欢结交英雄好汉。他和好朋友刘琨每每一起谈论天下大事，总是慷慨激昂，义愤填膺。他们还彼此鼓励，表示将来一定要为国家干一番大事业。

　　当匈奴贵族刘渊、刘聪跃马横戈，驰骋中原，攻下洛阳，其他少数民族也都纷纷内迁的时候，祖逖也和别人一样，带着家属、亲戚、朋友离开北方，到了江南。刚刚建立东晋政权的晋元帝，派祖逖做军咨祭酒。这种官职并没有军事实权，只能给朝廷提建议。祖逖不满足于这种不干实事的工作，他住在建康的前哨京口（今江苏省镇江市），隔江遥望北方。

　　为了恢复中原，祖逖召集了许多勇敢而有胆识的壮士练习武艺。过了些许日子，祖逖向晋元帝建议说："前朝大乱，是由于皇族内部争权夺利、互相残杀，这才使得胡人乘机兴兵，扰乱中原，给北方人民带来了深重的苦难。如今北方人民都在反抗胡人，假如陛下能下令出兵，派我北伐，必定会得到北方人民的响应，国家的耻辱也就能洗雪了。"晋元帝虽然没有北伐的决心，但祖逖这番义正词严的要求也令他没有理由

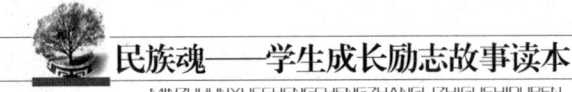

拒绝，只得派祖逖做奋威将军，兼任豫州牧，给了一千人的给养和三千匹布，让祖逖自己去招兵买马，制造武器，出师北伐。

晋元帝给的给养虽然很少，且军队也没有经过训练，可是祖逖并不灰心。他毅然带领亲信部属一百多人渡江，向北进发。那天，人们听说祖逖渡江北伐，都纷纷赶来送行，祝他早日收复中原。祖逖一身戎装，雄赳赳、气昂昂，满怀信心，率领壮士们乘船出发了。等船开到江心，祖逖用佩剑敲着船桨，当众誓师说："我祖逖如果不能肃清中原的敌人，决不再过这条大江！"祖逖这番铿锵有力的誓言，在碧波浩渺的长江江面上久久回荡。

祖逖渡江以后，进驻淮阴，先在那里起炉炼铁，制造武器，又招募了两千多壮士，然后继续向北进发。祖逖一刻也没有忘记自己的誓言，勇敢地跟敌军展开斗争。江北的人民听说祖逖北伐，都十分欢迎。他们给祖逖送粮送信，配合他打击敌人。在人民的支持下，几年之间，祖逖就收复了长江以北黄河以南的大部分地区。

北方还有一部分地区是在羯族人石勒建立的后赵统治之下。石勒也是一员能征惯战的大将。祖逖领兵继续北进，在黄河边上跟石勒展开了激烈战斗。祖逖手下的将领韩潜跟后赵将领桃豹，双方争夺一个叫蓬陂（今河南省开封市东南）的城堡。韩潜占了东城，住在东台；桃豹占了西城，住在西台。晋军从东门进出，后赵军从南门进出。双方对峙了四十多天，粮食供应都出现了困难，都感到难以坚持下去了。祖逖为了战胜对方，跟韩潜商量，定下了一条妙计。

祖逖叫部下用许多麻袋装上砂土，假装是粮食，派一千多人高唱着劳动号子运上了东台；又派几个人搬运一些真的米袋，故意装作很疲劳的样子，走到与后赵军交界的路上去休息。后赵军的士兵早就饿急了，见了运米的晋军，就追赶过来。祖逖的部下故意丢下米袋就跑。后赵军的士兵抢到了米，很高兴，立刻把抢来的米下锅做饭。他们一边吃着香喷喷的米饭，一边谈论着祖逖军队的粮食这样充足，而他们却要经常忍饥挨饿，言谈之间不觉流露出不愿意继续打下去的情绪，军心开始动摇。

　　这一情况很快反映到了石勒那里，石勒大伤脑筋。为了稳定军心，石勒火速派人组织了一支由一千多头驴子组成的运粮队，从后方运送粮食去接济桃豹。祖逖得知这个消息后，立刻派韩潜等带领一支人马去袭击对方的运粮队。他们在汴水（在今河南省中牟县一带）岸边截住后赵的运粮队，杀了押运粮食的士兵，夺得了全部粮食。桃豹得知粮食被抢，知道再也无法坚持下去了，只好连夜撤出阵地，向北遁逃。

　　祖逖的节节胜利，引起了东晋统治集团的猜忌。他们不仅不再支持祖逖继续前进，还派人去监视他，妄图夺取他的兵权。晋元帝司马睿派尚书仆射戴渊做征西将军，掌管司、兖、豫、并、雍、冀六州的军务，坐镇合肥，来做祖逖的顶头上司。戴渊是南方人，虽然有些才能，名望也很高，可是为人气量狭小，见识浅陋，是个没有作为的人。祖逖看到朝廷不信任自己，感到恢复中原是没有指望了。他的内心痛苦到了极点，也愤恨到了极点。晋元帝太兴四年（321年）的九月，祖逖在忧愤中病逝了。

　　祖逖逝世的消息一传出，黄河南岸的人民伤心得放声痛哭。人们给祖逖建造祠堂，塑了他的雕像，表示永远怀念他。

■心灵物语

　　祖逖"一片丹心图报国，两行清泪为忠家"，毕生为收复失地、维护祖国统一而鞠躬尽瘁。我们在感动的同时，也要牢固树立热爱祖国、拥护祖国统一的信念。

■史海钩沉

东晋的建立

　　316年，西晋的末代皇帝司马邺被俘，宣告了西晋的灭亡。但一些晋朝的旧臣并不甘心亡国的命运，仍在全国各地积极活动，准备恢复晋朝的统治。317年，琅琊王司马睿在南渡过江的中原氏族与江南氏族的拥护下，

在建康称帝，国号仍为晋，司马睿是为晋元帝。因其继西晋之后偏安于江南，故史家称之为东晋。346年，东晋安西将军桓温伐蜀，次年3月克成都，控制汉水上游和四川盆地的成汉政权灭亡。至此，东晋统一了南方。

■文苑荟萃

闻鸡起舞

祖逖和他的好朋友刘琨同睡在一张床上，半夜里鸡叫头遍，祖逖就叫醒刘琨，说："你听听，这雄鸡啼叫的声音多么激越昂扬，那是在叫人发愤图强啊！"他们两人兴奋得再也睡不着了，就披衣起床，拔剑起舞，锻炼身体，准备将来好为国家出力。

祖 狄

佚 名

闻鸡起舞温知名，豫北挥鞭方用兵。
胸怀大志逢乱世，武功文治凭丹诚。
中流击楫发宏愿，立马黄河复旧京。
石勒未能擒马下，碧空长恨见遗星。

民族英雄郑成功

郑成功（1624—1662年），本名森，幼名福松，字明俨，号大木。汉族。福建省南安市石井镇人，明清之际民族英雄，我国历史上著名的军事家、政治家。

明天启四年（1624年），荷兰殖民主义者侵占中国台湾。清初，郑成功下决心赶走侵略军。顺治十八年（1661年）三月，郑成功亲率2.5万名将士，分乘几百艘战船，浩浩荡荡地从金门出发。他们冒着风浪，越过台湾海峡，在澎湖休整几天便准备直取台湾。

台湾城是荷兰殖民者在台湾的统治中心，城堡坚固，防御设施完善。城周长200多丈，高三丈多，分三层，下层深入地下一丈多，"城垣用糖水调灰垒砖，坚于石"。城四隅向外突出，置炮数十尊。

荷军炮火密集，射程远，封锁了周围每条通道。城内荷军尚有870人，凭借城堡继续顽抗。但是赤嵌城被郑军占领之后，台湾城已是一座孤城，城内缺粮、缺水，荷军处境十分困难；加之当时南信风季节刚刚开始，要等待六个月进入北信风季节后，才能将台湾的有关情况告知巴达维亚，然后再等六个月才能利用下一次南信风季节取得巴达维亚的援助。因此防守更加困难。

郑成功迫降赤嵌城后，为了牵制台湾城的荷军，即派兵前往七鲲设伏。荷军行至七鲲时，还没来得及列阵对垒，即被郑军埋伏的藤牌军冲垮，死伤过半，其余士卒狼狈退回台湾城。郑成功命令士兵立栅栏、设炮台，加强对七鲲的防守，同时令杨英、何廷斌以粟6000石、糖3000

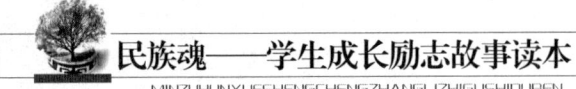

石补给军队。

自4月初以来，双方一直进行着零星战斗。郑成功一方面积极准备攻城，一方面于4月12日和22日两次写信给当时台湾的荷兰长官揆一，劝其投降。又调集28门大炮，于24日凌晨摧毁了台湾城大部分城墙。荷军于城上集中枪炮还击，并出城抢夺郑军大炮，被郑军弓箭手击退。

郑成功鉴于台湾城城池坚固，强攻一时难以得手，为了减少伤亡，决定采取"围困使其自降"的方针。他一方面派遣提督马信率兵扎营台湾街围困荷军，一方面把各镇兵力分驻各地屯垦。同时，郑成功还到高山族人民聚居的四大社（新港、目加溜湾、肖垅、麻豆，均在今台南县）进行巡视，受到当地人民的热烈欢迎。

5月2日，郑军第二梯队6000人在黄安等将领的率领下，乘船20艘抵达台湾。郑军的兵力得到加强，供给得到补充后，从5月5日开始在所有通向城堡的街道上都筑起防栅，并挖了一条很宽的壕沟，围困荷军。郑成功又三次写信劝揆一投降。揆一仍幻想巴达维亚会派兵增援，拒绝投降。

5月28日，荷兰殖民当局得到荷军在赤嵌城战败和台湾城被围的消息后，匆忙拼凑了700名士兵、10艘军舰，由雅科布·考乌率领，经过38天航行，于7月18日到达台湾海面。他们见郑军战船阵容雄壮，便踌躇不前；加之风浪很大，在海上停留了将近一个月之后，才有5艘战船在台湾城附近海面碇泊。其中"厄克"号触礁沉没，船上士兵被郑军俘虏。郑成功从俘虏口中得知荷兰援军兵力情况后，加紧进行围城和打援部署。

7月21日，驻台湾荷军当局决定：用增援的舰船和士兵把郑军逐出台湾城市区，并击毁停泊在赤嵌城附近航道上的郑军船只，以摆脱被围困境。于是荷军分水、陆两路向郑军发起进攻。海上，荷舰企图迂回郑军侧后，焚烧船只，反被郑军包围。郑水军隐蔽岸边，当敌舰闯入埋伏圈后，立即万炮齐发。经过一小时的激战，击毁荷舰两艘，俘获小艇三艘，荷兰援军损失了一个艇长，一个尉官，一个护旗军曹和128名士兵，另有一些人负伤。荷军其余舰船逃往巴达维亚。陆上，荷军的进攻同样遭遇失败。此后，荷军再也不敢轻易与郑军交战。

台湾城的荷军被围数月，军粮得不到补给，士气逐渐低落，不愿再战。10月，揆一为了挽救行将灭亡的命运，企图与清军勾结，夹击郑成功军。揆一的使者到福建后，清军要求荷兰人先派战舰帮助他们攻打厦门，然后再解荷军之围。揆一无可奈何，只好派雅科布·考乌率领漂泊在海上的三艘战舰、两只小艇前去攻袭厦门。考乌心存畏惧，中途转舵驶往暹罗（今泰国），以后又逃回巴达维亚。于是，荷军勾结清军夹击郑军的企图完全落空了，士气更加低落，不少士兵力求活命，陆续向郑军投降。

郑成功从俘虏中了解到荷军的上述情况后，决定把对荷军的封锁战术转为进攻，在对方从巴达维亚和中国大陆获得救兵之前，向热兰遮城堡的荷军发起猛烈攻击。为此，郑军增建了三座炮台，挖了许多壕沟，以遏制荷军的炮台。

1662年农历正月二十五清晨，郑成功下令炮轰乌特利支圆堡。在两个小时内，郑军发射炮弹2500发，在该堡南部打开了一个缺口，当天即占领了该堡。郑军居高临下，立即利用此堡改建炮台，向台湾城猛烈轰击。荷军固守孤城，情势岌岌可危。揆一在城上督战，看到城防已被突破，手足无措。郑成功派通事（翻译）李仲入城劝降。李仲对揆一说："此地非尔所有，乃前太师练兵之所。今藩主前来，是复其故土。此处离尔国遥远，安能久乎？藩主动柔远之念，不忍加害，开尔一面：凡仓库不许擅用；其余尔等珍宝珠银私积，悉听载归。如若执迷不悟，明日环山海，悉有油薪磺柴积垒齐攻。船毁城破，悔之莫及。"荷兰殖民评议会召开紧急会议，讨论形势及对策。台湾城被围已近九个月，荷军死伤一千六百余人，能参加战斗的士兵仅剩600余人，且已弹尽粮绝，疾疫流行，形势已完全绝望。评议会认为："如果继续战斗下去，可怕的命运将降临到每一个人头上，而这样坚持，对谁都没有好处。"揆一走投无路，只得同意由评议会出面同郑成功谈判。经过会谈，揆一"愿罢兵约降，请乞归国"。

1662年农历二月初一，荷兰驻台湾长官揆一签字投降，荷军交出了所有城堡、武器、物资。包括伤病员在内的约900名荷兰军民，最后由揆一率领，乘船撤离台湾。至此，荷兰侵略者在台湾38年的殖民统治宣告结束，宝岛台湾又回到祖国的怀抱。

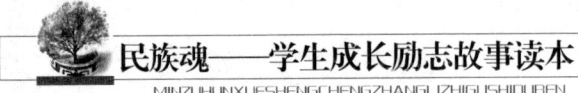

■心灵物语

郑成功收复台湾，驱逐了荷兰殖民主义者，维护了中华民族的利益，捍卫了中国主权和领土完整，具有极其重大的历史意义。

■史海钩沉

郑成功抗清

顺治十六年（1659年），清军攻陷云南省城。郑成功与鲁王的大将张煌言在闽浙牵制清兵，统率水陆军17万北伐。次年入长江，克瓜州、镇江，围南京，并收复南京附近及安徽部分地区。虽然郑成功因轻敌而功败垂成，但他动摇了清朝在东南的统治，也震动了清政府。

■文苑荟萃

春三月至虞谒牧斋师同孙爱世兄游剑门

郑成功

西山何其峻，嘎岩暨穹苍。

藤垂涧易陟，竹密径微凉。

烟树绿野秀，春风草路香。

乔木倚高峰，流泉挂壁长。

仰看仙岑碧，俯首菜花黄。

涛声怡我情，松风吹我裳。

静闻天籁发，忽见林禽翔。

夕阳在西岭，白云渡石梁。

嗷腭争峡蚬，青翠更苍茫。

兴尽方下山，归鸟宿池旁。

左宗棠壮举收复新疆

> 左宗棠（1812—1885年），字季高，湖南湘阴人，号湘上农人，晚清重臣、军事家、政治家、著名湘军将领。一生经历了湘军平定太平天国运动、洋务运动、镇压陕甘回变和收复新疆等重要历史事件。

1864年（清同治三年），新疆各族人民发动的大规模反清运动遍及天山南北，但各支反清势力的领导权皆为阿訇、和卓、伯克和清朝地方官吏等上层分子所掌握。占据南疆喀什噶尔城（今喀什）的柯尔克孜族思的克伯克向中亚伊斯兰教汗国浩罕乞师求援，迎请大小和卓之后、张格尔之子布素鲁克汗返回新疆。1865年春，浩罕军事头目阿古柏随布素鲁克汗进入南疆。

阿古柏本为浩罕的军官，初为浩罕国王呼达雅尔汗的"穆合热本"（近卫），后升至阿克美奇特（白清真寺）要塞指挥官，进入南疆不久，便驱逐布素鲁克汗，并对其他各支反清势力展开攻势，先后攻占喀什噶尔、阿克苏、叶尔羌（今莎车）、库车等地。1867年建立哲德沙尔（七城之意）政权，自立为汗。1870年攻占乌鲁木齐，占据了天山南路和天山北路部分地区。

1871年，沙皇俄国乘机出兵占领时为新疆军政中心的伊犁地区，加紧与英国争夺中国西北边陲。与此同时，中国东南、西南和南部边疆也面临列强侵略威胁，边疆危机日益严重。1875年（清光绪元年），清廷采

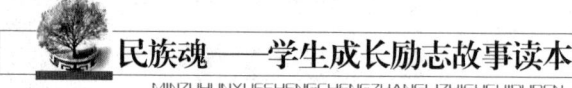

纳大臣左宗棠等人当务之急是出兵收复新疆的主张，任命左宗棠为钦差大臣，督办新疆军务。

左宗棠根据新疆敌情及地理特点，制定了"先北后南""缓进急战"的战略方针。同时，筹运粮饷，整顿军队，改善武器装备，并编组了一支以道员刘锦棠部、都统金顺部、提督张曜部为主的作战部队，共约六七万人。委任刘锦棠总理行营营务，加紧进行战争准备。

1876年4月，左宗棠从甘肃省城兰州移驻肃州（今酒泉）。时已入新疆的张曜部屯哈密，金顺部屯巴里坤、古城（今奇台）一带。根据既定方针，左宗棠令刘锦棠率所部湘军分批出嘉峪关，经哈密前往巴里坤，会合金顺所部先取北路；命张曜部固守哈密，防敌由吐鲁番东犯。阿古柏得悉清军西进，即由阿克苏赶至托克逊部署防御：白彦虎（投敌的原陕西回民起义军首领）、马人得（投敌的原新疆封建割据集团头目）等防守乌鲁木齐等北疆要地，阻击清军；以一部兵力防守胜金台、辟展（今鄯善）一线；主力两万余人分守达坂、吐鲁番、托克逊。几部分兵力成掎角之势。

1876年8月上旬，刘锦棠、金顺二部清军从阜康出发，采取声东击西的战法，避开供水困难的大道，走敌虽严密防守，但水源充足的小道，出敌意外地迫近乌鲁木齐北面重地古牧地（今米泉）。扫清敌外围据点后，用大炮轰塌城墙。17日从缺口冲入城内，一举歼敌5000余人，并乘胜于18日收复乌鲁木齐。白彦虎、马人得等仓皇南逃。随后，左宗棠命刘锦棠部驻守乌鲁木齐，防止阿古柏军北犯，并继续清剿山中残敌；命金顺挥军西进。昌吉、呼图壁及玛纳斯北城之敌闻风散逃。

9月初，金顺部开始进攻玛纳斯南城，攻打30多天仍然没有成功。后来刘锦棠、伊犁将军荣全先后增援会攻，于11月6日占领该城。至此，天山北路为阿古柏军占领之地全部收复。时临冬季，大雪封山，刘锦棠等就地筹粮整军，以待来年春季进军南疆。

1877年4月，左宗棠指挥清军三路并进至盐池与张曜部会师，合攻辟展、吐鲁番。刘锦棠部奇袭包围达坂，19日破城，毙俘敌3000余人。随即分兵一部助攻吐鲁番，主力直捣托克逊，迫守敌海古拉（阿古柏次

子）于4月下旬弃城西逃。

与此同时，张、徐二部清军连克辟展、胜金台等地，吐鲁番守敌白彦虎望风西窜，马人得率部投降。至此，南疆门户洞开。阿古柏见大势已去，5月下旬于库尔勒气急暴病而死（一说绝望自杀，或谓被人毒死）。海古拉携其父尸西遁，由白彦虎防守喀喇沙尔（今焉耆）、库尔勒等地。阿古柏长子伯克·胡里在库车杀其弟海古拉，后于喀什噶尔（今喀什）称王，企图在英俄庇护下继续负隅顽抗，做垂死挣扎。

而后，左宗棠决心尽复南疆，遂以刘锦棠部为"主战"之军，以张曜部为"且战且防"之军，相继长驱西进。南疆各族人民久受阿古柏的荼毒，纷纷拿起武器配合清军作战。10月，刘锦棠部以破竹之势，驰骋两千余里，收复喀喇沙尔、库车、阿克苏、乌什等南疆东四城。西四城叶尔羌（今莎车）、英吉沙尔（今英吉沙）、和阗（今和田）、喀什噶尔之敌益形孤立，内部分崩离析，已降敌的前喀什噶尔守备何步云亦乘机反正。刘锦棠闻讯，立即挥军分路前进，于12月中、下旬连克喀什噶尔、叶尔羌、英吉沙尔。伯克·胡里、白彦虎等率残部逃入俄境。1878年1月2日，清军攻克和阗。至此，整个新疆除沙俄侵占的伊犁地区外，全部收复。

■心灵物语

左宗棠凭一颗忠于祖国、维护祖国统一的炽热之心，收复新疆，这一壮举体现了他的爱国主义精神。左宗棠捍卫了祖国的统一，为我国的统一大业作出了巨大的贡献。

■史海钩沉

沙俄对我国西北边疆的早期入侵

鸦片战争时期，帝国主义列强争相宰割中国。沙俄就是侵略我新疆地区的"急先锋"。19世纪50年代，沙俄已侵占了我新疆大片领土，并强迫

清政府签订了《中俄伊犁塔尔巴哈台通商章程》；19世纪60年代，又通过签订《中俄勘分西北界约记》，割据了我44万平方千米的领土。面对沙俄的侵略，新疆各族人民进行了英勇的斗争，揭开了近代新疆历史上各族人民反抗沙俄侵略斗争的序幕。

18世纪初，沙皇彼得一世就把征服中亚和我国新疆作为俄国重大的国策。1720年，沙俄建成了西伯利亚堡垒线。此后，沙俄侵略势力沿着额尔齐斯河不断向南扩张。鸦片战争爆发前夕，沙俄已侵入额尔齐斯河上游纵深地区。与此同时，沙俄侵略势力更不断向哈萨克草原扩张，在喀什湖以东、以南地区建立了许多军事据点，并把这些军事据点用公路连接起来。到1854年，终于又建成了一条城塞米巴拉金斯克到库尔巴拉里马图（今阿拉木图）的新西伯利亚堡垒线，侵占了我巴尔喀什湖以南的大片领土。在第二次鸦片战争期间，沙俄以古尔班阿里玛图为大本营，继续扩大侵略，几乎强占了我伊塞克湖周围和楚河流域的所有地方。

■ 文苑荟萃

左宗棠自题的挽联

慨此日骑鲸西去，七尺躯委残芳草，满腔血洒向空林。问谁来歌蒿歌薤，鼓琵琶冢畔，挂宝剑枝头，凭吊松楸魂魄，奋激千秋。纵教黄土埋予，应呼雄鬼。

倘他年化鹤东归，一瓣香祝成本性，十分月现出金身。愿从此为樵为渔，访鹿友山中，订鸥盟水上，消磨锦绣心肠，逍遥半世。惟恐苍天负我，再作劳人。

戚继光扫平倭寇

戚继光（1528—1588年），字元敬，号南塘，晚号孟诸，山东登州（今山东蓬莱）人。明代著名抗倭将领、军事家。率军之日于浙、闽、粤沿海诸地抗击来犯倭寇，历十余年，大小八十余战，终于扫平倭寇之患，被誉为民族英雄。

15世纪后期，日本进入战国时代（1467—1573年）。在日本兼并战争中的残兵败将失去了军职，就成了"浪人"，沦为了"海寇者"。还有些日本的商人因明政府海禁，牟利无门，也流落为海盗。这些人被中国人称为"倭寇"，从明初起就犯我海疆。在中国的沿海，一部分土匪与倭寇勾结，如王直、徐海等，也成为海盗。

这些海盗往往相互配合，中国海盗给日本海盗引路，有恃无恐地进犯我东南沿海地区。而明代中期，我国东南沿海海防却衰敝无力，残破空虚。辽东、山东、浙江、福建、广东诸卫所原额为各6500人左右，由于士卒不堪军官的侵剥虐待，十之六七逃亡，每卫所平均只剩1797人，而且还有虚额，留下的兵士也大多是老弱兵。沿海战船，十存一二，遇警只好征渔船充数。"兵非素练，船非专业"，畏敌如虎，遇警即逃，致使倭寇猖獗，如入无人之境。

在倭寇的淫威面前，朝廷起兵抵抗。在抗倭保国卫家的战争中，涌现出了一批抗倭名将，如俞大猷、戚继光等。其中最著名的当属戚继光及其指挥的戚家军。

戚继光到浙江，"见卫所军不习战"，而金华、义乌的百姓则十分慓悍，遂招募了百姓三千人，训练成一支长短兵器杂用的精干部队。

戚继光根据南方多沼泽，不像北方那样能展开大规模兵力的实际情况，结合倭寇惯用长箭、长枪作战的特点，创造出一种新的战阵叫"鸳鸯阵"，以此训练新军。这支队伍遇敌英勇作战，严守纪律。而此阵既能有效杀敌，随意变化，又能自我保护，减少伤亡。所以训练的军队是当时抗倭阵线中最为有力的一支劲旅，人称"戚家军"。

1561年4月，倭寇数千人，驾百只战船，气势汹汹地进犯台州地区。戚继光闻讯，火速迎敌，九战九捷，全歼该敌（擒斩1400人，焚溺毙命者4000余人，救出百姓万余人）。这一仗打出了威风，倭寇闻戚家军之风即先丧胆，称戚继光为"戚虎"。

1562年秋天，晋戚继光为都指挥使。他又到义乌募兵，戚家军扩为六千余人。戚继光奉命援助福建抗倭。福建倭寇主要据点有三：宁德的横屿，四面环水，是其老巢；从广东、浙江新来之敌，在福清牛田、兴化林墩两地建立据点，相互声援。

戚继光自浙赴闽，先攻横屿。9月6日乘潮落之际，每人带干草一捆，填淤泥而进，直扑倭寇老营，杀敌2600多人，击溃敌人主力军。

9月14日，戚继光率军南下，27日到达福清县。倭寇数万人集结在县城东南30里的大据点牛田。百姓纷纷要求戚继光攻打牛田。戚继光故意散布消息说："我兵远来疲倦，休息几天待机进攻吧。"但在当夜二更，戚继光就领兵出发，途中歼灭了从杞店派出的敌探，奔袭杞店，把熟睡中的敌人一网打尽。

得知敌人要来偷袭戚家军，戚继光便在锦屏山下埋伏。待敌人进入伏击圈，一声炮响，杀声四起，倭寇返身狂逃，并把金银财宝撒了一路以诱戚家军。但戚家军对此不屑一顾，人人奋勇，个个当先，直杀到牛田敌巢，并肃清了附近的敌人。

牛田之役后，残敌逃往林墩。戚家军疾驰猛追，于10月10日夜攻克林墩倭寇六十营，大获全胜。

戚家军经过横屿、牛田、林墩三战后，歼敌五千六百余人后返回浙江。剩下的倭寇还很多，他们扬言："戚老虎走了，我们怕谁？"便又蠢蠢欲动起来。

1562年12月，倭寇攻陷政和（松政境内）和寿宁两个县城，并包围了兴化府城。朝廷命都督刘显救兴化。

倭寇截杀了刘显派出的八名联络士兵，剥下他们身上绣有"天兵"字样的军衣，让几个倭寇换上混入府城。半夜里他们杀死守城的官兵，预先埋伏的大队倭寇用梯子登城而入，放起火来，占领了兴化城。

兴化陷落后，朝廷命俞大猷为福建总兵官，并令戚继光再度入闽作战，命谭纶为福建巡抚，共救兴化。

倭寇听说戚家军要来，于2月21日退出兴化城，攻占城东90里的平海卫，做了守不住就从海上撤退的准备。

戚继光先到义乌招兵，将戚家军补充至万人，然后昼夜兼程入闽，于5月4日抵达福清。11日，谭纶召集俞大猷、刘显和戚继光商议进军部署。戚继光自告奋勇担任中路主攻，俞、刘两军分左右两翼配合。

12日晨，明军进攻平海卫。戚家军先用火铳射敌，打散敌一线的骑兵；接着打垮二线的步兵。左右两翼及时配合，以雷霆万钧之势打得敌人狼狈逃窜。此役杀敌2200多名，救出百姓3000多人，一举收复了平海卫。随后又收复了政和、寿宁两城，杀敌千余人，救出百姓3000多人。

战后，由谭纶力荐，朝廷升戚继光都督同知，代俞大猷为总兵官，镇守福建及浙江金华、温州两府，统一部署该区域水陆军事。

1563年10月21日晨至1564年1月9日，倭寇两万人用吕公车（类似云梯而有竹木棉毡等防弹设备）猛攻仙游城，戚继光先已将守城用的火药缒入城中，并截断了外地增援攻城之敌的进路，遂于9日晨利用大雾掩护杀奔城下。以万余人打败围城之敌两万余人，杀敌2000左右，解救百姓3000余人。

2月间，又经同安县王仓坪、漳浦县蔡丕岭等地的歼灭战，福建倭患基本肃清。

1564年冬，倭寇已力薄势衰。与倭寇勾结多年的广东山贼吴平，被迫向时任广东总兵官的俞大猷投降。吴平被安置在福建南端诏安县的梅岭。但此人贼心不死，又纠众万余人劫掠广东沿海地区。

1565年（嘉靖四十四年）2月间，俞大猷会同戚继光水陆并进，会剿吴平。吴平率残部逃遁，于次年在逃往安南（越南）途中被全歼。东南沿海倭患平息。

■心灵物语

抗倭斗争是我国历史上一次成功地反抗外来侵略并取得胜利的斗争。戚继光是这次斗争中最杰出的统帅。他能在国家危难之时挺身而出，以国家和民族安危为己任，殚精竭虑，消除外患，成为名垂千古的民族英雄。他的精神和事迹永载中华民族史册，值得慨叹！

■史海钩沉

林墩抗倭大捷

明嘉靖四十一年（1562年）秋，福建莆田遭受倭寇严重蹂躏，民不聊生，福建巡抚向明廷告急，戚继光奉命率精兵6000余人来闽平倭。戚家军在宁德横屿痛击倭巢，获大捷后向南挺进，击破福清、牛田等地倭寇据点。其时部分倭寇集结莆田林墩，依仗河沟纵横，构筑巢穴。9月14日凌晨，戚家军以迅雷不及掩耳之势，进攻倭寇林墩大本营。官兵们游水进逼，奋勇杀敌。驻在宁海桥的张谏部与戚家军前后夹攻，与倭寇短兵相接展开巷战。戚家军连克营垒几十座，歼敌3000多名，解救百姓2000多人，倭寇残部仓皇败退到平海后遁逃出海。这次大规模歼敌战，就是历史上著名的林墩抗倭大捷。

冯子材老当益壮

冯子材（1818—1903年），字南干，号萃亭，广东钦州（今属广西）人，晚清名将。1851年（咸丰元年），参加刘八领导的天地会起义军，投降清军，赏补千总。随向荣、张国梁尾追太平军至南京。1853年协助向荣建立江南大营，围困天京，擢副将、总兵。1860年5月，太平军再破江南大营时，张国梁败死丹阳，冯子材集其残部退守镇江。1862年（同治元年）升广西提督，配合湘军、淮军与太平军对抗。1875年（光绪元年）调任贵州提督。1881年回任广西，次年"称疾"回家。1883年12月参加抗法战争。1886年，授云南提督，以疾未到任。1894年，赏加尚书衔。中日甲午战争爆发，奉调驻守镇江，战后仍回广西。1899年，任云南提督。两年后又调为贵州提督。1903年，为会办广西军务大臣，不久病逝。追谥"勇毅"。

1884年初，曾纪泽在伦敦给朋友李香严的信中感叹："吾华以惧战过甚，反酿成不得不战之势。"话音刚落，法国侵略者就发动了大规模的侵华战争。在福建马尾海战得势之后，又气势汹汹地从陆路向中国西南扑来。在这关键时刻，年逾古稀的冯子材主动请缨，指挥清朝军队英勇杀敌，连获镇南关、凉山大捷，从根本上扭转了中法战局，在中国反侵略战争史上留下了光辉的一笔。

1883年12月，法国侵略者悍然向驻扎在北圻的中国军队发起进攻。次年3月，北宁失守，前线指挥官、广西提督黄桂兰畏罪自杀。清政府手忙脚乱，匆匆调兵遣将之余，才想起熟悉边情的老将冯子材。最初

李鸿章以为冯子材已年老血衰，不堪重任，只给了他一个督办高、雷、廉、琼四府二十五州县团练的名义。冯子材在一无实权、二无饷源的情况下，数月之间便成立了九个州县的团练。

5月，张之洞署理两广总督。冯子材主动上书，要求统领军队从钦州进入越南东北，开辟新的战场。张之洞很欣赏这个建议，同意他编成十八营军队，准备开赴越南作战。

正待整装开拔之际，抗法前线的形势突然发生了变化。1885年1月，法军主力七千人在船头一带向广西边境方向大举进犯。2月，法军占领战略要地谅山，并乘势攻占镇南关，前锋深入我国境内十千米。由于兵力不足，补给困难，法军在炸毁镇南关城墙及附近工事后，退回文渊，并在关址废墟上立一木牌，上书："广西的门户已不再存在了。"

敌人的嚣张使冯子材意识到不能再耽搁了。他率军迅速赶往前线，临行前，他祭别祖先，嘱咐家人：万一军中失利，百粤为敌所占，家眷应速归江南祖籍，以免受外人奴役。他还把两个儿子带在身边，准备万一战死沙场好料理后事，以此来表达与敌人血战到底的决心。

面对法国侵略者咄咄逼人的攻势，前线清军的状况令人担忧。就当法军攻占镇南关的当天，前线总指挥潘鼎新一口气狂逃百余里，放弃了指挥责任，其他各路将军又龃龉频生，不服调度，散兵游勇四处劫掠，军心不稳。针对这种情况，冯子材召集各路将领开会，劝告大家大敌当前应消除派系成见，以国事为重，同心杀敌，保卫边疆。冯子材以年近七旬高龄，战场经验丰富，素孚众望，在会上被众将公推为前敌主帅。

在军事部署上，冯子材着眼于以守为攻，消灭敌人的有生力量。根据敌我形势，组成了严密的纵深防御体系。他率本部自当中路，扼守长墙和山头要塞，承担最艰巨的主战任务；命令王孝祺驻在山后半里远的地方，与正面防御形成掎角之势，随时增援扼守正面的中路军；派苏元春驻在隘后五里的幕府，蒋宗汉等驻守距关前隘以北35里的凭祥，作为战略预备队；派王德榜驻关前隘以东30里的油隘，以防法军从侧背绕道入关，并随时抄袭来犯之敌的后路；又派魏刚驻距关前隘以西100里的艾瓦，防止法军偷袭关西军事重镇芄封，确保镇南关后路的安全。

在冯子材加紧布防的同时，法军也在调兵遣将，准备大举进攻。法军得知镇南关已防备森严，正面进攻难以取胜，就准备偷袭艽封，企图绕过镇南关，夺取龙州，从北面包围镇南关守军。冯子材得到情报后，急令魏刚从艾瓦秘密进驻艽封，又派一支队伍埋伏在敌人必经之地，待敌败退时再行出击。1885年3月13日，法军果然进攻艽封，遭到魏刚军的迎头痛击。当其被迫后撤时，又遭到清守兵的一阵猛杀。法军伤亡惨重。

法军偷袭艽封失败，司令官尼格里恼羞成怒，扬言要在3月24日向镇南关发动总攻，与清军决一死战。根据法军以往的活动规律，冯子材敏锐地识破这是敌军的阴谋，估计敌人会提前发起攻击。为了打乱敌军的部署，冯子材一面督令部队加强防守，一面抽调兵马主动出击，先发制人，击敌人于措手不及之中。3月21日晚，冯子材和王孝祺率军出关，突袭法军前哨据点文渊城。清军的主动出击，打乱了敌人的如意算盘，法军不待援军全部到达，仓促决定提前发起攻击。

冯子材预料敌军会更加疯狂地进行反扑，便部署将士抓紧时间修整工事，并派出300名敢死队员，乘黑夜越出长墙，潜伏在长墙外的沟渠杂草中，伺机歼敌。

24日，法军仍分三路进攻，每路兵力增加到两千人，中路长墙依然是攻击的主要目标。激战中，法军利用被开花大炮轰塌的缺口冲上了长墙。冯子材手持长矛，一声大呼，跃身出墙。他的两个儿子紧紧跟随，一同冲向敌阵。全体守军见主帅与敌人拼命了，便大开栅门，排山倒海般地向敌群扑去。潜伏的三百名勇士也从草丛跃出，在敌阵中横冲直闯。经过一场激烈的肉搏战，终于把敌人打到长墙外，压在山谷。与此同时，东岭也发生了激烈的争夺战。为夺回敌军占领的三座炮台，清军七上七下。王孝祺军击败西路法军后，由西岭包抄敌后；王德榜消灭敌人运输队后，也从关外赶来夹击东岭的敌人。清军齐心合力，一举夺回了东岭的三座炮台。以此为转机，清军掌握了战役的主动权。四面八方涌来的清军，将法军重重包围。法军战不胜战，退不能脱，处境极其狼狈。

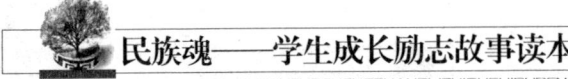
25日，冯子材下令向被围困的法军发起总攻击。全体军民听到命令后，立刻从各个山头、战壕、树林里冲出来，一下子就击毙法军一千多人。法军全线崩溃，只有少数残兵逃到了文渊城。战后，一个侵略者心有余悸地回忆道："中国军的号筒愤怒地响起前进的命令。从所有的堡垒，从所有的天边各处，像烟云一般的中国军队，展开旗帜跑来，同时发出了把枪炮的音响都遮断的喊杀声。他们因成功而胆力加大，奋力狂怒地向我军驰突前来。如果战斗不立时中止，惨祸怕就要来临了。"

镇南关之战，使法军成了惊弓之鸟。冯子材决定乘胜追击，帮助越南人民收复失地。

冯子材和王孝祺、王德榜、苏元春等率军出击。在越南人民的支持下，一路过关斩将。3月26日，攻克文渊。29日，攻克军事重镇谅山，重伤法军司令官尼格里。31日，又收复谷松和屯梅。同一时期，刘永福领导的黑旗军和越南人民义勇军取得了临洮、太原大捷，接连收复了几十个州县。冯子材和黑旗军商定，趁此大好形势，一鼓作气把法国侵略者赶出越南。

中国西南地区的战云暂时散去了。但由于清政府执行的是一条妥协卖国路线，让法国势力最终还是完全控制了越南，更深入我国的云南、广西地区。法国在战争失利的情况下仍然达到了侵略的目的，中国最终落的个"法国不胜而胜，中国不败而败"的结局。

□心灵物语

泱泱大国，岂能任人宰割？虽然抗法的最终结果是失败的，但抗法老将冯子材的英雄事迹却长留在中国人民和越南人民心中。

□史海钩沉

中法战争之观音桥事变

1884年6月23日，法军突然到谅山附近的北黎（中国当时称为观音桥）

地区"接防"，无理要求清军立即退回中国境内。中国驻军没有接到撤军命令，要求法军稍事等待。法军却恃强前进，开枪打死清军代表，炮击清军阵地。清军被迫还击，两军交锋，法军死伤近百人，清军伤亡尤重。这次事件史称"北黎冲突"或"观音桥事变"。

法国以此为扩大战争的借口，照会清政府要求通饬驻越军队火速撤退，并赔偿军费两亿五千万法郎（约合白银三千八百万两），并威胁说，法国将占领中国一两个海口当作赔款的抵押。清政府虽然认为这是无理勒索，但仍派两江总督曾国荃于7月下旬在上海与巴德诺谈判，以求解决争端。最后谈判未有结果。

□文苑荟萃

中国的南大门——友谊关关楼

友谊关关楼在帝国主义的侵略炮火中曾两次被毁。1957年基本按原貌重建，整座关楼由底座和回廊式楼阁两部分组成，通高22米。底座建筑面积为365.7平方米，长23米，底宽15.9米，平均高度为10米。公路从隧道形单拱城门通过，拱门上方用汉白玉雕刻的"友谊关"三个刚劲有力的大字，是时任国务院副总理兼外交部长的陈毅元帅题写的关名。

关楼底座上原来只建有一层木结构回廊，重建时改用钢混结构，并加了两层回廊，每层回廊平均为80平方米。回廊的四周是拱形大窗，窗棂装饰了各式图案，外墙为墨绿色石米贴面，显得庄严、古朴。

回廊第一层以图片形式陈列着镇南关大捷、镇南关起义和红旗插上镇南关的历史。第二层是中越高级领导人会晤室。20世纪五六十年代，周恩来总理曾两次在这里亲切会晤越南人民的领袖胡志明主席。第三层是中国九大名关展览厅。

中印自卫反击战

> 丁盛（1913—1999年），江西省于都县人。中华人民共和国成立后，曾任副军长、军长、新疆军区副司令员兼生产建设兵团司令员、南京军区司令员。丁盛是中国人民解放军历史上一位著名的勇将、战将、闯将、悍将，经历过无数次的战斗洗礼，战功累累，1955年被授予少将军衔。

中印自卫反击战，是在号称"世界屋脊"的喀剌昆仑山上和喜马拉雅山之脉南侧地区进行的。该地区地势险峻，气候恶劣，人烟稀少，交通不便。这样恶劣的自然条件和地理环境，对作战行动极为不利，作战的艰苦性也是极为罕见的。中印边界自卫反击作战从1962年10月20日开始，至11月21日基本结束，作战经历了两个阶段。

第一阶段作战是从1962年10月20至28日。

自卫反击作战在中印边境东段和西段地区进行。印军部署的兵力有一个军部、一个师部、四个旅部、21个步兵营，总计约2.2万人。印度陆军原是英国殖民地军队，参加过第二次世界大战，在北非、南欧、东南亚诸战场作过战，自吹嘘为"打遍欧、亚的劲旅"。与我作战的印度第四师号称"王牌部队"，是"印军编制、装备、训练的试点部队"。

克节朗，位于中印边界东段西藏以南地区，该地山峰比高1500米以上，海拔4000米左右，森林密布，气候恶劣，人烟稀少。该地区印军第七旅、炮兵第四旅两个步兵营，共六个多营6000余人，部署在克节朗、棒山口、达旺一线，企图巩固已侵占之地，并继续侵占我克节朗河以北地区，实现其"以塔格拉（即拉则山）山脊为界"的梦想。中国西藏边防部队集结了 1.03 万余人的兵力，对印军第七旅实施反击。根据印军前重后轻、翼侧暴露、正面宽、纵深浅的部署特点，贯彻集中兵力打歼灭战的原则，以三至四倍于敌的绝对优势火力，采取从两翼开刀、迂回侧后、包围分割、各个歼灭的战法，于 20 日拂晓开始反击。实施主要突击的右翼部队在枪等、卡龙之间强渡冰冷刺骨的克节朗河，反击枪等、卡龙、扯冬、绒不丢的入侵印军。指战员们冒着枪林弹雨，互相掩护，交错前进，与印军展开激战。负责摧毁塞维拉河岸卡龙据点的我某部二连六班班长阳廷安一往无前，勇猛反击，共攻克 27 个印军地堡，收复了卡龙据点，为驱逐入侵卡龙的印军第七旅创造了条件。战后，六班被国防部授予"阳廷安班"英雄称号。负责清除克节朗河南岸扯冬据点的我某部三连二排，敢打敢拼，连续摧毁 14 个地堡，收复了扯冬据点。战后，二排荣立集体一等功。当天即清除了枪等、卡龙、扯冬、绒不丢等据点的入侵印军。

担任左翼助攻部队，向沙则、仲昆枪、克宁乃桥的印军实行反击。入侵沙则的印军在这里构筑了堑壕及百余个明暗地堡。攻占沙则可直接威胁克朗地区的印军指挥机关。于是，助攻部队穿密林，攀悬崖，涉急流，迅速突入印军前沿，首先割断克节朗地区入侵印军指挥机关与沙则据点的联系。在沙则战斗中，某部九连二班班长张映率领全班，连续攻克印军四个地堡。在攻击第五个地堡时，他身负重伤，向地堡投入最后一枚手榴弹，并用双腿堵住印军地堡射孔，壮烈牺牲，为后续部队歼灭印军创造了条件。战后，国防部授予他"战斗英雄"称号。

加勒万河谷地区，谷深沟窄，山高坡陡，悬崖绝壁，交通不便。印军以直升机空运补给。印军在此处构筑了工事、地堡，企图长期占领。新疆边防部队对其军情地形了如指掌。20 日，我边防部队向该处南、北两侧的入侵印军据点实施反击。首先利用夜暗隐蔽接近印军据点，尔后实施炮火急袭，随即一部从河谷北侧左翼插入印军前沿，向前推进；另一部从河谷南侧左翼发起反击，在工兵、防化兵的密切配合下，经近

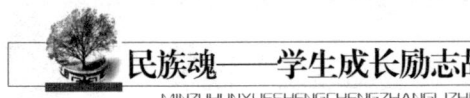

40分钟激战，成功地拔掉了加勒万河谷地区入侵印军的据点。该处战斗结束后，我军乘胜扩大战果，兵分两路：一路顺加勒万河谷南进；一路北上向西大沟发展。至23日，拔除"河印27号、28号"据点，其余印军哨卡闻讯而逃。至此，河尾滩防区之印军全部肃清。

印军第一一四旅廓尔喀联队第一营入侵班公湖南北两岸建立了据点。班公湖北岸为空喀山口防区，南岸为阿里防区。21日，担负空喀山口财区反击作战的边防部队抓住战机，向位于班公湖北岸中国一侧的西里扎普、安拉沟等地的印军进行反击；22日，我班公湖南岸新疆守卡分队一部，清除了占据南岸及其以西另一据点的入侵印军。在班公湖西岸的西里扎普、4400高地、绝拉沟、野营地拔点攻坚战斗中，我军四战四捷，战至24日，全部拔除了班公湖南北岸及其以北地区的31个入侵印军据点。

巴里加斯位于西藏阿里噶尔县西北，为狮泉河河谷，距传统国界习惯线18千米，河谷宽200～300米，河谷有公路往东通列城，两侧为高山。印军查谟—克什米尔国民军第七营入侵该地，建立据点六处，企图长期占领并作继续蚕食其他地区的基地。23日，班公湖地区入侵印军据点全部肃清后，我西线新疆边防部队奉命挥戈南下阿里，歼灭巴里加斯地区入侵印军。受领任务的部队不顾几天几夜连续作战的疲劳，以惊人的意志挥师南下，对阿里之口、约山口、巴里加斯等地的入侵印军进行反击。转移中，我边防部队在冰天雪地的环境中夜以继日地连续行军1400里，有的分队两次徒步齐腰深的冰冷刺骨的噶尔河。工兵分队在零下20多摄氏度的冰河上架桥，保证作战部队开进。部队吃不上熟饭，喝不上开水，吃冰雪，啃干粮，忍饥耐寒，于26日赶到甲岗—狮泉河一带集结。27日，反击部队一部抵达山口与印军打响战斗。机枪连班长司马义·买卖堤在汽车上为掩护战友下车，用冲锋枪向印军猛烈射击，吸引印军火力，他两次身负重伤，仍坚持战斗掩护战友，直至壮烈牺牲。战后，他被国防部授予"战斗英雄"称号。这次战斗毙、俘印军多人，占领山口。27日，阿支、且坎分队攻占约山口。同日，攻击部队对巴里加斯之印军形成合围。28日，打退入侵印军的进攻后，收复

了拉多和碟木绰克等地。尔后，又收复了卫里加斯、卡日果等地。卫里加斯地区作战遂告结束。

边防部队在环境、气候异常恶劣的情况下，从喀喇昆仑山到冈底斯山，转战千余里，拔除入侵印军据点37个，收复部分领土，歼敌一部，有力地配合了东段主力部队的反击作战。

第二阶段作战是从11月16日至21日。

面对印军的再次武装入侵，中央军委即令西藏、新疆边防部队继续分别在东段、西段反击入侵印军。东段，西藏军区前指指挥八个步兵团、三个炮兵团的兵力，向达旺河以南西山口——邦迪拉地区反击；为加强东段东部地区作战的指挥，决定组成昌都地区分前指（即丁指），由军长丁盛、副军长韦统泰、军副政委钟池、政治部主任蓝亦农、昌都军分区司令员宏晋武组成。指挥四个团的兵力，向瓦弄地区反击西藏山南、林芝分区部队，在东段中部地区反击，以配合主要方向作战。西段，新疆军区前指指挥一个团的主力，在班公洛地区反击。

瓦弄，位于喜马拉雅山南麓，中印边界传统习惯线以北，其东、南与缅甸、印度相邻。该地区山高林密，平均海拔4000米以上，断崖峭壁，河流交错，水流湍急，易守难攻。入侵印军第十一旅四个营2000余人凭险扼守，并不断向我军出击。中国边防部队以一个团向瓦弄所公西北之印军左翼实施迂回包围；以一个团又一个营分别向瓦弄扎公、曲子扎公反击，居高临下，直插瓦弄，以四个连从察隅河以东反击，分割歼灭瓦弄地区之敌。11月16日晨，我军发起反击。我军一部攻扎公、曲子扎公等地，打乱了印军部署。印军十一旅旅长等人见势不妙，惧我全歼，即下令全线撤退，旅长本人随四军军长考尔乘飞机仓皇逃跑，部队大部溃散。

在反击战中，我军排长周天喜带领一个加强班冲在最前面，经三小时苦战，打下了印军第一个地堡群。然而当向印军第二个地堡群冲击时，周天喜不幸牺牲。战后，国防部授予周天喜"战斗英雄"称号。战士陈代富奉命执行摧毁地堡任务，当他将爆破筒塞入地堡时，被印军推了出来。在危急时刻，他爬上地堡，扒开堡顶积土，将爆破筒从顶

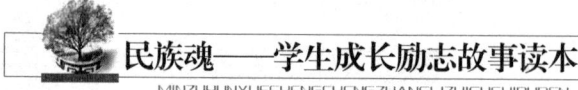
盖圆木间隙插入，并用胸口顶住爆破筒，不让印军推出。当爆破筒即将爆炸的一瞬间，他迅速滚出了地堡。地堡被炸毁了，打开了部队前进的道路，人们称赞他是活着的黄继光。战后，国际部授予陈代富"战斗英雄"称号。

16日17时许，中国边防部队进占瓦弄。另一部向"东"村地区之敌发起攻击，进占敌能。我部进驻瓦弄后，主力转入搜剿，一部乘胜向南追击。到21日，我军进至萨木维尔和金古底，逼近中印边界传统习惯线。追击部队奉命停止追击，就地转入搜剿。瓦弄之战，共歼灭印军1200余人。

班公洛位于中印边界西段西藏阿里日土县斯潘古尔湖西侧地区，西面与印度实际控制区的拉达克相接，是入侵印军的一个重要前进基地。印军在这里建立了六个据点，其中三个据点分布在山脊梁上，可以控制西藏阿里边防分队的哨卡，威胁阿里纵深之安全。18日上午，印军在猛烈炮火掩护下，向驻守斯潘古尔湖地区的新疆边防部队发起进攻。新疆边防部队作出战斗部署：迂回入侵印军侧后，摧毁其据点，清除侵入班公洛地区之印军。我军一部冒着零下40摄氏度的严寒，顶着大风雪，翻越海拔5200米的冰山，按时进抵反击出发阵地。

18日上午，以连为单位分别向三个据点发起冲击。攻打第一个据点的部队，一鼓作气战斗30分钟即摧毁了敌工事和地堡21个，攻克了据点；攻打第二个据点的部队，冒着印军猛烈的机枪射击，英勇顽强，前仆后继，激战一小时，攻克了25个地堡，拔除了据点；攻打第三个据点的部队，以果敢迅猛的动作，扫荡印军边部，摧毁了据点。拔除了据点后，我军在转向印军炮兵阵地的攻击中，工兵战士罗光燮在排长排雷负伤的情况下，奋勇冲进雷区排雷。在排雷中，他的左腿、右臂相继被地雷炸断，排雷器材已用完，眼看地雷还未排完，部队无法前进，他以大无畏的献身精神，用身体向雷区滚进，为部队开辟冲锋道路，最后壮烈牺牲。战后，国防部授予他"战斗英雄"称号。

经两个多小时激战，我军清除了印军廓尔喀第十一联队第一营第三连的大部兵力。与此同时，反击部队以炮火压制破坏了入侵印军的另三

个据点，其守敌于19日逃窜，我军于20日占领该三个据点。至此，班公洛地区作战胜利结束。西段入侵印军据点全部被清除。

为了高举和平谈判的旗帜，促成战国三项建议的实现，中国政府于11月21日宣布，从22日起中国边防部队在中印边境全线主动停火，主动后撤。从12月1日开始，我军回撤至1959年11月7日中印双方实际控制线我侧20千米以内。其后，又将缴获的印军武器弹药和军用物资交还给印度，并释放了印军全部战俘。

中国政府的这一举动，在世界战争史上是史无前例的，得到了世界上许多国家和人民的高度赞扬。中印边境自卫反击战历时一个月，我军在西段清除了印军全部入侵据点，在东段推进到了非法的"麦克马洪线"以南靠近传统习惯线附近地区。

▉心灵物语

在这次自卫反击战中，我边防部队英勇战斗驱逐了入侵的印军，维护了中国的领土和主权，打击了当时印度扩张主义者的嚣张气焰，大扬了国威军威，为保卫国家南部的安全，谱写了一首牺牲奉献的颂歌。

▉史海钩沉

西山口—邦迪拉地区反击战

西山口—邦迪拉地区靠近不丹王国，当时的印军沿公路摆成南北一条"长蛇"，布势特点正如刘伯承元帅所概括的，是"钢头、锡尾、背紧、腹松"。

据此，西藏边防部队以两个多团从正面攻击西山口，打敌之"头"；以三个多团的兵力从敌两翼夹击申隔宗、略马东，击敌之"背"，剖敌之"腹"；以两个团的兵力实施迂回，直插德让宗、邦迪拉之间，切敌之"尾"，形成了对西山口、德让宗地区之敌多路向正合击，将其分割包围，各个歼灭。

　　参战各部于11月10日至15日分别向指定位置开进，至17日，先后与印军警戒、侦察分队接触，但印军未发觉我军意图。17日晚，我迂回部队在登班击溃印军一个营，切断了德让宗—邦迪拉公路。此时印军才发觉我军已多路逼近，彼处于不利地位，遂于18日晨全线撤逃，但还陷于我军合围之中。18日晨，我军发起总攻。

　　在激战中，副班长庞国兴为追歼一股溃逃印军，与连队失去了联系，深入印军纵深地区15千米，作战五次，攻占两个炮兵阵地，击毙七个印军士兵，缴获七门火炮和两辆汽车。战后庞国兴被国防部授予"战斗英雄"称号。当日我军占领西山口、申隔宗、德让宗，歼灭印军一部，一部溃逃，其四师战术司令部率直属部队乘我军未截断通往打陇宗道路的空隙逃脱。19日，我军占领邦边拉，并于略马东地区围歼印军近千人。随即我军主力便在西山口—邦迪拉地区展开搜剿，一部向南追击，于21日进占吉莫山口、比里山口、鹰窠山口一线。

　　至此，在西山口—邦迪拉地区，全歼印军三旅，共毙俘印军准将旅长豪尔·辛格以下官兵5200余人。

■文苑荟萃

麦克马洪线

　　1914年，英印政府外交大臣麦克马洪构想了一条印藏分界线，以喜马拉雅山脊分水岭的连接线作为界线。麦克马洪又利诱西藏噶夏的代表，背着中国北洋政府代表搞了一份划界换文。

　　当时对西藏拥有主权的中国政府并不知道此事。当20多年后，英国政府正式把麦克马洪线标入地图和政府文书后，也遭到南京国民政府的反对。1947年，当刚独立的印度在南京建立大使馆时，国民政府也对印度代办明确表示了不承认麦克马洪线的态度。

 # 珍宝岛自卫反击战

> 于庆阳（？—1969年），辽宁省新金县（今大连普兰店市）人，中国人民解放军战斗英雄，战士。1963年3月参加中国人民解放军。1969年3月2日，在中苏边界珍宝岛自卫反击战中英勇作战，不幸牺牲。1969年7月30日，中国共产党中央军事委员会追授其"战斗英雄"称号。

1969年3月2日8时，中国边防部队派出巡逻分队登岛执行巡逻任务。苏军发现后，立即出动70多人，分乘两辆装甲车、一辆军用卡车和一辆指挥车，从苏联境内分路向珍宝岛急进。接近珍宝岛后，列开战斗队形向中国边防巡逻分队进逼，并以一部兵力向中国边防巡逻分队的一个小组侧后穿插。

入侵苏军不顾中国边防巡逻分队向其发出的警告，突然开枪射击，打死打伤中国边防巡逻人员六人。

中国边防巡逻分队被迫进行自卫还击。中国边防巡逻第二小组听到枪声后，在班长周登国的指挥下，给侧后的入侵苏军以沉重打击。随后，中国边防巡逻分队发起反击，但遭到丛林中苏军的猛烈射击。

中国边防战士于庆阳猛然跃起，向丛林中的苏军射击，吸引火力。苏军火力向他射击，击中他的头部，他倒下后不久，顽强地站起，端起冲锋枪继续向苏军射击，直至英勇牺牲。副连长陈绍光指挥一个班迂回

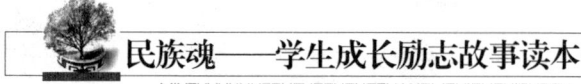

到丛林中苏军侧后，但一股苏军又从他的侧后冲来，两面机枪夹击他们。陈绍光一面指挥分队英勇还击，一面奋勇向苏军一个机枪火力点冲去。这时他身受重伤，仍然坚持移动到有利位置，打掉了这个火力点后，倒在了血泊中。经一个多小时激战，中国边防部队击退了入侵珍宝岛的苏联边防军。

3月15日凌晨，苏军边防军60余人在六辆装甲车的掩护下，从珍宝岛北端侵入。中国边防部队某部营长冷鹏飞奉命带领一个加强排登岛，与入侵苏军形成对峙。8时许，苏军发起攻击，冷营长沉着指挥，坚守有利地形，指挥部分兵力分割苏军。经一个小时激战，打退了苏军的数次进攻。9时46分，苏联边防军在炮火掩护下，出动六辆坦克、五辆装甲车向珍宝岛逼近，从南北两侧发起攻击，并以密集火力封锁江叉，拦阻中国边防部队登岛支援。坚守在二号阵地上的无后坐力炮班班长杨林，占领有利地形阻击苏军，待苏军坦克驶近到只有十余米远时，他接连投出五枚手雷，打乱苏军队形，使其一辆坦克闯入雷区被炸坏。杨林带两个炮班机动射击，他连续击中三辆装甲车，但他也不幸被苏军坦克炮火击中，壮烈牺牲。

13时35分，苏军边防军纵深炮火猛烈袭击中国防御阵地，正面达10千米，纵深约7千米。炮击两小时后，苏军100余人在10辆坦克和14辆装甲车掩护下，发起第三次进攻。守岛的中国边防部队分割其步兵与装甲、坦克的联系，同苏军近战，减弱其火力。火箭筒手华玉杰越打越勇，在零下30多摄氏度的冰天雪地里，甩掉棉衣和绒衣，先后击毁击伤苏军四辆装甲车。经50多分钟激战，胜利地粉碎了苏军的第三次进攻。

这一天，苏军先后出动50余辆坦克、装甲车和100多名步兵，运用直升机和纵深炮火掩护，并炮击中国境内纵深地区。中国边防部队同入侵苏军共激战九个多小时，顶住了苏联边防军的六次炮火急袭，击退了其三次进攻，胜利地保卫了珍宝岛。

17日，苏联边防军又出动步兵70多人，在岛上铺设地雷，企图阻止中国边防部队登岛并拖回被中国边防部队击坏滞留在江叉的一辆T—62型坦克。中国边防部队以炮火将其击退，击毙苏军边防部队总队长列昂诺夫上校和杨辛中校，被炸坏的苏军坦克被中国边防军缴获，成为苏联侵略中国领土的铁证。

■心灵物语

这次自卫反击战，我军分队英勇顽强，连续作战，粉碎敌人多次入侵，保卫了祖国领土，捍卫了民族尊严。这次战斗也向世界表明：中国领土是神圣不可侵犯的！

■史海钩沉

乌苏里江简介

乌苏里江发源于我国的吉林东海滨的锡赫特山脉主峰南段西麓，靠近东海的石人沟。它原是我国的一条内河，自从清政府与沙俄签订了不平等的《北京条约》以后，成为一条界江。

乌苏里江，满语为"乌苏里乌拉"，意为"水里的江""东方日出之江"。

乌苏里江发源于吉林东海海滨，锡特霍特山脉，全长905千米，流域面积18.7万平方千米。乌苏里江被联合国环保组织认定为没有被污染的江，两岸风光秀美，景色宜人。

乌苏里江自然保护区总面积3.9万公顷，林地3700多公顷，沼泽地1.31万公顷，保留了三江平原原始湿地生态系统的完整性。

乌苏里江自然保护区内各种植物达1000多种，鸟类167种，兽类27种，鱼类43种。

乌苏里江是黑龙江右岸的一大支流，也是中国东北部俄罗斯边境上的一条重要界河。其上游由乌拉河与道比河汇合而成，向东北流至伯力一带

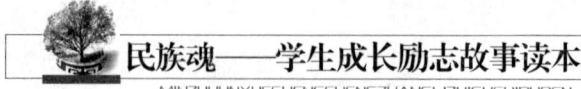
急转折向西南，注入黑龙江。乌苏里江全长880千米，流域面积几近19万平方千米。自其支流松阿察河注入之处起，至江水与黑龙江汇合之处止。该江亦有东西两源，其东源出于俄罗斯东部锡霍特山脉西麓，自南向北流动，西源松阿察河，发源于兴凯湖东北面，这是该湖的唯一出口。其中从松阿察河经乌苏里江干流至汇入黑龙江段492千米，为中国与俄罗斯的边境界河。流域面积18.7万平方千米，在中国黑龙江省境内6.15万平方千米。

乌苏里江整个河道穿行在中国的完达山脉和俄罗斯的锡霍特山脉之间广阔的纵谷。其大部分的河段都是在低平的平原上流动，穿行于低洼、沼泽湿地之中。只是在位于饶河县境内的属于中游的一段河道，两侧时有低山丘陵逼近河边。乌苏里江的上游，在松阿察河汇入处以上地势较高，谷底平坦。汇入处以下为宽达300千米的平缓纵谷，地势低洼平缓，地面强烈沼泽化，水流缓慢，许多河段形成曲流或网状水道。

■文苑荟萃

珍宝岛

珍宝岛位于黑龙江省虎林市境内的乌苏里江上，长约两千米。因形似元宝，故名为珍宝岛。此岛位于主航道中心左侧，自古以来就是中国领土。原是从中国方面伸入乌苏里江的半岛，后来经过长期的水流冲击，才成为江中一个小岛。现在每逢夏季枯水期，珍宝岛还与乌苏里江的中国陆地连在一起，回复原来的半岛面目。在乌苏里江上作业的老一辈中国渔民，称珍宝岛为"翁岛"。该岛因1969年3月发生中苏边界事件而驰名中外。现岛上建有长廊小桥和市场，已成为著名旅游胜地和中俄民间的贸易场所。